在变动不居的世界里，
修一颗智慧心，做一个自在人！

修心

吴军 著

中国友谊出版公司

图书在版编目（CIP）数据

修心 / 吴军著 . -- 北京：中国友谊出版公司，
2023.10（2023.12 重印）

ISBN 978-7-5057-5680-9

Ⅰ . ①修… Ⅱ . ①吴… Ⅲ . ①王守仁（1472-1528）
—哲学思想—研究 Ⅳ . ① B248.25

中国国家版本馆 CIP 数据核字（2023）第 129505 号

书名	修心
作者	吴军
出版	中国友谊出版公司
发行	中国友谊出版公司
经销	新华书店
印刷	北京世纪恒宇印刷有限公司
规格	700 毫米 ×980 毫米　16 开
	21 印张　288 千字
版次	2023 年 10 月第 1 版
印次	2023 年 12 月第 2 次印刷
书号	ISBN 978-7-5057-5680-9
定价	68.00 元
地址	北京市朝阳区西坝河南里 17 号楼
邮编	100028
电话	（010）64678009

王阳明简介

王阳明（原名王守仁），浙江余姚人，生于 1472 年，逝于 1529 年，享年 57 岁。

王阳明是明代的思想家、军事家、文学家，祖孙三代做官，父亲是状元。王阳明 27 岁中进士，在刑部任主事。因仗义执言，被宦官刘瑾陷害，发配至贵州龙场做驿丞，相当于现在的招待所所长。

他在龙场艰苦的环境里开悟，被平反后又受朝廷启用，做了知县、知州，进而做到了两广总督、南京总督御史、兵部尚书，指挥剿灭了江西、广西、广州一带的土匪，其中最大的贡献是用很少的兵力平定了宁王朱宸濠的叛乱。

王阳明虽然是一个文官，但后半生基本都在剿匪，百战百胜。明朝只有三个文官因为军功封侯，他是其中之一。王阳明将儒家思想融入打仗、融入管理，都做到了最好。

阳明先生实现了圣人最高境界的三不朽——立功、立德、立言：平定了乱党和宁王，这是立功；为人处世的德行非常好，广受赞誉，这是立德；创立了属于自己的思想，并开学堂讲学传授，这是立言。他去世以后，牌位被供奉在孔庙。

他创立的心学对后世的儒家思想有非常大的贡献，并传播到东亚诸国，当时日本最流行的学说就是阳明心学。日本历史学家说，王阳明的心学奠定了日本明治维新改革的思想基础，影响至今，稻盛和夫也非常崇拜王阳明。

名人对阳明先生的评价

"阳明先生创良知之说，为暗室一炬。"

——明末清初史学家、文学家 张岱

"王阳明可谓'震霆启寐，烈耀破迷'，自孔孟以来，未有若此深切著明者也。"

——明末清初经学家、史学家、思想家、地理学家、天文历算学家、教育家，"东林七君子"之一 黄宗羲

"王文成公为明第一流人物，立德、立功、立言，皆居绝顶。"

——清初诗坛领袖 王士禛

"守仁勋业气节，卓然见诸施行，而为文博大昌达，诗亦秀逸有致，不独事功可称，其文章自足传世也。"

——清朝文学家 纪昀（纪晓岚）

"王阳明矫正旧风气，开出新风气，功不在禹下。"

——晚清政治家、战略家、理学家、文学家、书法家，湘军领袖 曾国藩

"夫阳明之学，主致良知。而以知行合一、必有事焉，为其功夫之节目。"

——清末资产阶级启蒙思想家、翻译家、教育家 严复

"他在近代学术界中，极具伟大，军事上、政治上，多有很大的勋业。阳明是一位豪杰之士，他的学术像打药针一般令人兴奋，所以能做五百年道学结束，吐很大光芒。"

——清朝思想家、政治家、教育家、史学家、文学家，戊戌变法（百日维新）领袖之一、中国近代维新派、新法家代表人 梁启超

"文成以内过非人所证，故付之于良知，以发于事业者或为时位阻，故言'行之明觉精察处即知，知之真切笃实处即行'，于是有知行合一之说。""文成之术，非贵其能从政也，贵乎敢直其身，敢行其意也。"

——清末民初民主革命家、思想家、著名学者、朴学大师 章太炎

"日本的旧文明皆由中国传入，五十年前维新诸豪杰，沉醉于中国哲学大家王阳明的'知行合一'说。"

——中国近代民族民主主义革命开拓者、三民主义倡导者 孙中山

"王阳明对于教育方面也有他独到的主张，而他的主张与近代进步的教育学说每多一致。他在中国的思想史乃至日本的思想史上曾经发生过很大的影响。"

——中国现代作家、历史学家、考古学家 郭沫若

"阳明以不世出之天资，演畅此愚夫愚妇与知与能的真理，其自身之道德、功业、文章均已冠绝当代，卓立千古，而所至又汲汲以聚徒讲学为性命，若饥渴之不能一刻耐，故其学风淹被之广，渐渍之深，在宋明学者中，乃莫与伦比。"

——中国近现代历史学家、思想家、教育家，国学大师 钱穆

"中国历史上能文能武的人很多，但在两方面都臻于极致的却寥若晨星……好像一切都要等到王阳明的出现，才能让奇迹真正产生……王阳明一直被人们诟病的哲学在我看来是中华民族智能发展史上的一大成就，能够有资格给予批评的人其实并不太多。"

——中国当代作家、学者 余秋雨

序

阳明思想的主要经典作品就是《传习录》。中央电视台的《典籍里的中国》是一部讲中国真正认可的国学著作的纪录片，《传习录》《论语》和《道德经》等经典著作都被收录其中，中央电视台还专门拍了纪录片《王阳明》。

与其他经典著作不同的是，理论不是《传习录》主要的叙述方式，《传习录》大量使用阳明先生与学生的对话和书信，是由王阳明先生的大弟子徐爱组织编撰的。后来其他徒弟一起整理汇总，编撰了上、中、下三卷。其内容为文言文，意思隐晦难懂，概念较多，大多数人无法理解，更不知道如何运用。

在本书里，作者根据《传习录》学习王阳明的思想，拆解原文，重新组合整理，用现代读者易理解的逻辑剖析难点，用鲜活的案例来解读阳明思想在日常生活中的运用。通过最简单的方法，收获最实用的阳明学说。

目 录

第一部分 —————— 良知心

良知心，是老天赋予人类的特征和属性，能探测感悟客观世界，
照见客观规律，人人具足，从人心角度叫本心，
从客观规律存在角度叫道心，从功能角度叫照心。

1-1

为什么我们对世界的看法不一样 .003
因为我们的欲望不一样，看到的世界就不一样。

1-2

如何平衡家庭和事业 .005
该带孩子的时候带孩子，该工作的时候工作，
在每一个当下都做到全心全意。

1-3

我们为什么总会焦虑和痛苦 .011
因为我们心里有太多的欲望，欲望得不到满足就产生了焦虑和痛苦。

1-4
为什么现在的离婚率那么高 -016
因为很多人结婚时都在算计对方，想从对方那里得到好处，
当得不到好处的时候就会选择离婚。

1-5
"宰相肚里能撑船"真的是因为度量大吗 -020
是因为宰相心境高，心里装着大事，自然不会计较小事。

1-6
为什么我们会反感"为你好" -025
因为很多人所谓的"为你好"，都是想改变对方来顺应自己的想法。

1-7
为什么有些人会觉得世界上坏人多 -030
因为心中充满警惕、怀疑和不信任感的人看到的世界也是这样的。

1-8
为什么我们以为对自己好的最后却害了自己 -035
因为我们的为自己好，往往是满足自己的欲望，而放纵欲望都是危害自我。

1-9
为什么我们会觉得人生无常 -042
因为我们想用一成不变的方法 应对千变万化的世界，
把任何一件不在控制内的事情都叫作无常。

1-10
"眼见为实"这个成语对吗 -047
不对，因为大部分人看到的只是我们想看到的东西。

1-11
为什么人到中年会感觉很累 -050
因为我们需要扮演好儿子、好爸爸、好丈夫、好员工、好老板等多重角色。

1-12
如何才能做到一个行业里的佼佼者 -053
用"惟精惟一"的态度去钻研，"惟精"是把这件事研究透彻，"惟一"是专注在一件事上。

1-13
偏见和误解是怎么来的 -056
如果我们一开始对人对事就带有偏见，那所有的想法都会是错误的。

1-14
为什么会因为小事和爱人吵架 -059
因为我们总是主观地认为，对方心情不好、态度不好都是针对我们，于是专注在吵个对错上。

1-15
如何让孩子主动学习 -064
父母要有边界感，放下对孩子的支配，让孩子明白，学习是他自己的任务。

1-16
与合作伙伴决策上有矛盾怎么办 -068
不执着于对错，不拘于是谁的决策，凡是在实践里能成功的都采用。

1-17
为什么我们总是被人骗 -073
因为我们总是从表面来判断一个人的好坏，
认为对自己好的就是好人，对自己不好的就是坏人。

1-18
为什么职场的人际关系都很复杂 -078
因为你做事都是为自己好，那就会感觉天下都在与你为敌。

1-19
我们的命运由什么来决定 -083
由我们的欲望来决定。

1-20
老婆该要求老公上进吗 -088
老公要不要上进不是老婆要不要求，而是要看家庭需求。

1-21
人与人之间的矛盾是如何产生的 -092
因为没有分清楚本分和情分，
把别人的情分当作了本分，所以不懂感恩；
把自己的本分当作了情分，所以产生抱怨。

1-22
为什么我们害怕发生不好的事情 -095
因为害怕失去，害怕得不到。
沉溺在害怕的情绪里，就很难找到解决问题的方法。

1-23
为什么爱得越深越会痛苦 -098
爱人是正常，但太过爱一个人就会痛苦。

1-24
怎样做才是真正孝顺的人 -103
孝顺不是刻意追求的品质，也不是刻意做出来的形式，
而是发自内心自然而然的关心和善待。

1-25
为什么有的人喜欢说别人的坏话 -108
因为他们喜欢比较，总盯着别人的缺点挑剔，
想要通过比较出别人比自己差来获得自尊。

1-26
为什么一些女人会觉得嫁错人 -113
因为结婚前忽略了对方的缺点，结婚以后才发现难以接受。-113

1-27
为什么闹情绪的时候不能做决定 -116
感情用事只会让事情变得糟糕，
只有冷静下来才能找到解决办法。

1-28
什么样的家庭才能幸福 -120
家庭成员有共同的目标，所做的事情不是为自己好，而是为家庭好。

1-29
为什么有些人会"聪明反被聪明误" -123
因为他们在用经验解决问题，而不是根据情况灵活处理。

1-30
"跟着心走"这种说法对不对 -126
如果我们跟着自己的欲望走，那这颗心就飘忽不定了。

1-31
有人要借钱，借吗 -131
只考虑两件事：他有没有能力还？他愿不愿意还？

1-32
什么样的人会去算命 -137
心里有恐惧的人。害怕和对象没有结果，害怕未来不够好，害怕失去现有的，害怕无法得到更多的……

1-33
怎么判断结婚对象人品好不好 -141
你要知道什么叫人品好，才能找到人品好的人。

1-34
无欲则刚，对吗 -147
很多人连欲望都找不到，怎么谈得上无欲？

1-35
我们怎样才能事业有成 -151
成功前要专心致志搞事业，成功后要继续发扬优点。

1-36
怎样摆脱原生家庭的阴影 157
童年的伤害是父母造成的，但长大以后的阴影是自己造成的。

1-37
智者和愚者的区别是什么 -168
愚者，"我"犯错都是别人造成的；智者，"我"犯错都是自己的问题。

1-38
我们应该做一个为所欲为的人，还是道貌岸然的人 -173
为所欲为的人其实是放纵欲望满足自己，道貌岸然的人至少能约束自己符合道德规范，为所欲为比道貌岸然更可怕。

1-39
为什么我们无法看到事情的真相 -177
因为内心的欲望让我们看不到事情的全貌。

1-40
孩子大学毕业不工作，怎么办 -181
让他二选一，要么老老实实去上班，要么出去自己过。

第二部分 ———————— 心即理

心即理有两层意思：
第一层，心是客观存在；
第二层，心能照见客观规律。

2-1
为什么夫妻吵架听起来都特别有道理 -187
因为他们讲的道理都是为了证明自己是对的。

2-2
为什么很多企业管理混乱 -191
一个重要原因牵扯进了人际关系，既要达成企业目标，又要满足亲朋好友，很难达到平衡。

2-3
单亲家庭的孩子脾气怪吗 -198
没有家庭是完美的，关键是怎样培养孩子。

2-4
别人伤害了我怎么办 -205
如果我不在意别人的态度，那别人怎样都不会伤害到我。

2-5
为什么现在有很多文凭高、人品差的人 -209
因为我们学习只是为了应付考试、进好的学校、挣更多的钱，而不是用来约束自我的品行，人品并没有提升。

2-6 无欲无求是对的吗 -214
无欲无求不是没有所求，而是对结果不执着。

2-7 为什么教方法的书会特别火 -218
因为我们可以用这些方法来获利，从而满足我们自己的欲望。

2-8 教育孩子的本质是什么 -222
父母正向的言传身教。

2-9 怎么才能阻止别人做坏事 -226
不要讨论对错，要从因果来分析，种坏的因必将得坏的果。

2-10 合作对象人品不行怎么办 -230
既然是做事，就没必要去评判对方，能成事就齐心协力，不成就各奔东西。

2-11 为什么有些人不讲道理 -234
因为他们讲的都是满足他们需求的道理。

2-12 为人处世的最高境界是什么 -237
难得糊涂。

2-13
为什么说实践是检验真理的唯一标准 -240
因为能用的才是真理。

2-14
别人做了让我难过的事情怎么办 -243
如果把自己的喜怒哀乐寄托在别人身上，
那注定情绪会被外界左右。

2-15
周围人攀比很严重，怎么办 -247
抱怨别人攀比，是因为你有颗攀比的心。
要么好好挣钱继续攀比，要么自己过回朴素的生活，
有钱吃肉，没钱吃菜，有钱买车，没钱坐公交车。

2-16
为什么我们教育不好孩子 -252
只看到孩子的缺点，而忽略了孩子其他的特性。

2-17
孩子为什么会反感父母的教育 -256
因为大多数情况下，我们不是教育孩子，
而是按照自己的标准要求孩子，在宣泄情绪的时候还说是为他好。

2-18
人和人之间为什么会吵架 -263
不管是朋友吵架，夫妻吵架，还是和孩子吵架，
都不是道理的争论，而是双方不会放在桌面上的内心欲望的冲突。

2-19
为什么我们学了很多方法，还是做不成事 -267
因为方法是形式，思维才是根本。

2-20
失败是成功之母吗 -270
这个世界没有失败，只有不断尝试、再尝试，直到成功。

2-21
"人无远虑，必有近忧"，这句话怎么理解 -273
我们不是忧虑未来，而是要思考怎样做才能让未来更好。

2-22
为什么有些人会说一套做一套 -276
一方面要符合道德标准，另一方面又要满足自己的欲望，就变得虚伪而不自知。

第三部分 —— 知行合一

知行合一，知是行之始，行是知之成。

3-1
爱人出轨怎么办 -281
一哭二闹三上吊都没用，只需要问自己两个问题：
我要的结果是什么？我要怎么做才能得到我想要的结果？

3-2
别人总是喜欢强迫我做事，怎么办 -288
人生有太多不想做的事情，表面上看起来是被强迫的，
实际我们都是做了对自己最有利的选择。

3-3
在教育孩子的问题上，夫妻意见不统一，怎么办 -292
将双方的方案分别推演一下，看哪种结果更适合孩子，
选择更容易执行、更能达到目的、效果更好的方案。

3-4
在创业中如何模仿和创新 -296
多实践多尝试，听取周围人的意见，边总结边改进。

3-5
孩子犯错，应该如何教育 -300
父母教育孩子，不光是讲道理，
而是要帮助他建立正确的认知。

名词解释 -307
后记 -313

第一部分

良知心,是老天赋予人类的特征和属性,能探测、感悟客观世界,照见客观规律,人人具足,从人心角度叫本心,从客观规律存在角度叫道心,从功能角度叫照心。

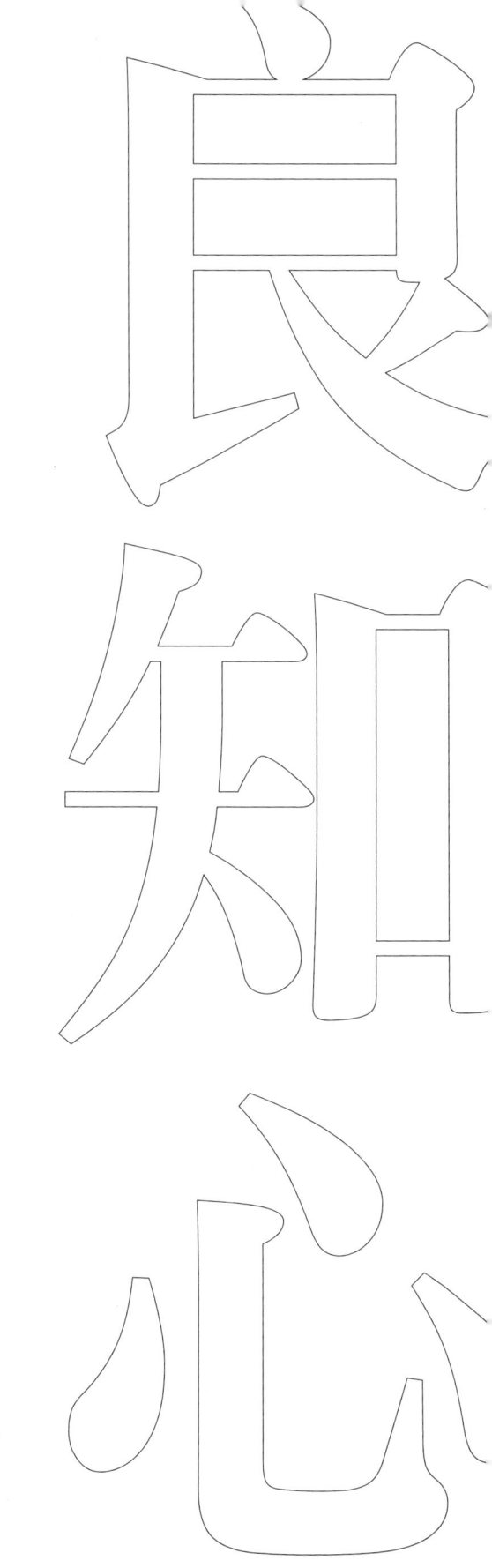

1-1
为什么我们对世界的看法不一样

因为我们的欲望不一样,
看到的世界就不一样。

—— 阳明先生说:

"心不是一块血肉,凡知觉处便是心。如耳目之知视听,手足之知痛痒,此知觉便是心也。"

—— 【译文】

先生说:"这个心不是指心脏的心,而是有知觉的地方就是心。就像耳朵和眼睛会去听去看,手和脚会痛会痒,这种感知就是心。"

■ **阳明先生强调这颗心不是我们所说的心脏。**

这个心是指本心,是一种状态,一种意识,天地间无所不在,无所不感知。

耳朵听到哪里的声音,心就在哪里;眼睛看到哪里,心就在哪里;手足感觉到哪里,心就在哪里。

阳明先生这样去解读心,颠覆了我们以往的认知。这颗心已经超越了我们的肉体,超越了时间、空间,让我们对自然世界的认知变得广阔。

这颗心没有人欲就叫本心，这颗心包裹了人欲就叫人心。每个人的人欲不一样，带着不同的人欲来看世界，看到的世界就不一样。

【案例1】

走在路上遇见一个美女，多看一眼是发自本心；美女好看，心生欢喜，也是发自本心，是人性中的客观规律，符合天理。但当你想扑上去摸一下、亲一口，这就是人欲，是自己要约束的色欲。晚上回家朝思暮想、念念不忘，还想发寻人启事联系到美女，这是对美女产生了执念，这种执念也是人欲。

【案例2】

当代的年轻人总说结不起婚，因为结婚要买房买车。

有钱买房买车，是本心；没钱却天天想着买房买车，这就是人欲了；揣着买经济房的钱非要买大平层，这也是人欲。

为买房吵架，还和别人攀比谁家有几套房，谁家房在几环……生活的平衡被破坏掉，这也是人欲。

【案例3】

以炒股为例，投资者可能会挣钱，也可能会赔钱。认可挣钱和赔钱都是自己的选择，这就是本心，是良知心。但有的人炒股是为了一夜暴富，这就是得失心，是人欲。欲不合天理，就会付出代价。

如果我们任凭得失心炒股，就会好赌，很容易相信别人，不是自己要相信，而是在欲望驱使下想相信别人。

1-2

如何平衡家庭和事业

该带孩子的时候带孩子，该工作的时候工作，
在每一个当下都做到全心全意。

—— 王阳明先生从我们的认知来说明这个问题。

问："人心与物同体，如吾身原是血气流通的，所以谓之同体。若于人便异体了，禽兽草木益远矣，而何谓之同体？"

先生曰："你只在感应之几上看，岂但禽兽草木，虽天地也与我同体的，鬼神也与我同体的。"

请问。

先生曰："你看这个天地中间，什么是天地的心？"

对曰："尝闻人是天地的心。"

曰："人又什么教做心？"

对曰："只是一个灵明。"

"可知充天塞地中间，只有这个灵明，人只为形体自间隔了。我的灵明，便是天地鬼神的主宰。天没有我的灵明，谁去仰他高？地没有我的灵明，谁去俯他深？鬼神没有我的灵明，谁去辩他吉凶灾祥？天地鬼神万物离却我的灵明，便没有天地鬼神万物了，我的灵明离却天地鬼神万物，亦没有我的灵明。如此便是一气流通的，如何与他间隔得？"

又问："天地鬼神万物千古见在，何没了我的灵明，便俱无了？"

曰："今看死的人，他这些精灵游散了，他的天地鬼神万物尚在何处？"

【译文】

有人问："人的心和事物是同体的，就像我们的身体、气血和所有器官原本是交流在一起流通的，所以是同体。从这个角度看，人心和事物是同体的。但是我们从其他人的角度来看，那就是异体了，与禽兽草木相比就更远了，为什么还说是同体呢？"

先生说："你只是从人与万事万物的关系上感觉的，但其实不仅禽兽草木，就算是天地也是与我们同体的，鬼神也是与我们同体的。"

向先生详细请教。

先生说："你看这天地之间，什么是天地的心？"

回答说："听说人是天地的心。"

先生问："人为什么是天地的心呢？"

回答说："只有人有灵明，所以才有认知、有感觉。"

先生说："可见充满天地中间只有人的灵明，都是人们的感知、人们的认知，人只是因为有肉身，好像天地隔绝了。而我们的感知就是天地的主宰。天没有我们的感知，谁会去仰望它的高远？地没有我们的感知，谁会去俯瞰它的深度？鬼神没有我们的感知，谁会去辨别它的吉凶祸福？天地、鬼神、万物离开我们的感知，就没有天地、鬼神、万物了；我们的感知离开了天地、万物、鬼神，也就没有我们的感知了。所以，我们的感知和天地万物是一气相通的，怎么能分开来看呢？"

又问："天地、万物、鬼神是千古以来就存在的，为什么没有了我们的灵感知，它们就不存在了呢？"

先生说："你去看看死去的人，没有了他们的感知，天地、鬼神、万物又在哪里呢？"

认知不同的人，看到的真相不一样。

"灵明"，即认知、感知。

从系统的角度来看，心在天地万事万物之间，与万事万物共同存在，它们是统一的整体，无论是从别人看，从草木看，从禽兽看，还是从天地、鬼神看，所有的一切都是一个整体。

从异体的角度来看，我们有心，它们就存在；我们无心，它们对我们而言也就不存在了，所以心与万事万物、天地、禽兽、草木、鬼神都是一体的，这种存在并不是指物体的客观存在。

这段话是对我们而言的。我们有生命，去感悟客观规律，就形成了世界；我们的生命不在了，我们所感知的世界也就不存在了，但是客观世界还在，与我们的消失无关。

这就引出这个世界的三种存在方式：

一是脱离人类意志的存在，叫客观存在。不以人类的意志为转移，就是客观。二是人类自己有了感知，去感知世界，就形成了感知对象的存在。这种感知不参加任何人欲，无所不存在，和客观规律融为一体，但是它受限于我们的生命，我们的生命一旦消失，这种感知的存在也就跟着消失了。三是我们带着私欲去认知这个世界，形成了自己的主观世界。

【案例1】

人欲是怎样给我们创造了一个主观的世界呢？说些生活里的小事。

你上班时跟同事闹矛盾，认为都是他们的错，你有很多抱怨，心情不好；下班回家做饭，丈夫说这道菜咸了，你听完一下就愤怒了。

在这两件事里,你的人欲是渴望别人认可自己。你认为在单位不被领导同事认可,回家炒的菜也不被丈夫认可。其实,丈夫只是说菜咸了,但是你忽视菜咸了这个客观事实,你的人欲将其归结为丈夫不认可你。

于是你心想:丈夫不认可我也不是一两天了,他自己不行,还偏偏要贬低我,说我也不行,这样的男人我不伺候了。你认为自己是对的,因此生气了,就跟他吵架。

这就是你的人欲给自己创造的主观世界,你困在这个世界里,生气、难过。一生气你就把他曾经犯的错也提了出来,两个人闹得很不愉快,摔了锅碗瓢盆。晚上你创造的世界还在,你气得翻来覆去睡不着,丈夫却睡着了,你的人欲告诉自己,丈夫不重视你,于是你又想:一个重视我的丈夫怎么可能看着我难过?他是不是出轨了?是不是嫌弃我了?……于是整晚上你都很痛苦。

其实,所有事情的起因只是一个客观事件:菜咸了。

菜咸了,按照客观规律,用水过一遍再炒就可以解决,但自己却被人欲创造的主观世界折腾了一晚上,还伤了感情。

【案例2】

学员问:"我的同事爱发脾气、斤斤计较,要怎么相处?"

答:别人应该大度、宽容、脾气好、能吃亏,这是你的人欲创造的主观世界。你的人欲是要求他随和无私、好说话,最好还能让你占点便宜。

现在人与人之间的矛盾主要就源于总有一些人惯于用圣人的

标准讨伐别人，用庸人的标准要求自己。要知道，如果别人没有达到你认为的道德标准，那是你对别人的预设崩塌了，不是别人的人设崩了。

不知道从什么时候开始，一些人学习各种圣人思想，讲究各种道德标准，不是为了自我约束，而是为了评判他人，站在道德的制高点，对别人的生活指手画脚，对待自己却宽容有加。

比如，很多父母教育起孩子来说得头头是道，孩子要脾气好、要努力、要学习好，自己却天天刷手机，也不爱学习、看书，因为一点小事都会大发雷霆。又如，你说他小气、爱发脾气、斤斤计较的时候，其实你自己也在计较，你也有脾气大发火的时候。

其实，所谓道德，只有在拿来约束自己时才有意义，当你用它来讨伐别人时，那它就成了你宣泄人欲的工具。

管好自己，才是对自己最好的修行。

【案例3】

学员问："我是一名女性创业者，一边想把事业做好，一边想陪伴孩子，不停在两者之间摇摆，甚至两者都没有做好，我该怎么选择？"

答：什么是摇摆？如果你的事业顺风顺水，钱越挣越多，你会摇摆吗？你不会。

你说你要陪伴孩子，如果你不是一个很懂教育孩子的母亲，天天跟孩子在一起效果会好吗？

男人说太忙照顾不了孩子，女人也说要创业照顾不了孩子，但工作和照顾孩子本来就不是一件冲突的事,是每一个当下没做好,把两个当下的事情当作矛盾放在了一起,来作为互相都没做好的借口。带不好孩子的时候说是要创业,创业不成功的时候说是要带孩子,这是人欲形成的主观认知。

正确的做法应该是,工作的时候就认真地工作,回家陪伴孩子的时候就认真地陪伴孩子,他的人生因为你的陪伴而获得帮助,他能收到父母对自己真正的关心和爱。

所以,重要的是,创业的时候就创业,带孩子的时候就带孩子,每一刻都百分之百地投入。

那怎样才算是百分之百地投入呢?工作的时候要放下孩子,不要惦记着孩子,不要一边工作一边给孩子发信息。要把注意力百分之百地放在工作上,该处理文件的时候就专心地处理文件,该开会的时候就专心地开会。如果非常关心孩子,可以每隔一两个小时专门抽五分钟时间与孩子交流。

同样,带孩子的时候要放下工作,不要处理公事,尽量不要接打工作电话,更不要一直在孩子身旁玩手机。要把注意力百分之百地放在陪伴孩子上,比如给他讲绘本、陪他跑步、踢球,给他过生日等,要让他感觉到你是在专心地陪伴他。

所谓高质量的陪伴,也就是投入百分之百注意力的陪伴。

男人也是,很多男人说很忙忽略了家庭,跟家里关系不好。真的是因为忙吗?不是,是因为跟家人交流的水平太差,没有真情。如果男人每天只能和妻子说十分钟话,却都像初恋时一样,那夫妻感情肯定很好。

1-3
我们为什么总会焦虑和痛苦

因为我们心里有太多的欲望，
欲望得不到满足就产生了焦虑和痛苦。

—— **我们来看徐爱和王阳明先生的对话。**

爱："'道心常为一身之主，而人心每听命'，以先生'精一'之训推之，此语似有弊。"

先生曰："然。心一也。未杂于人谓之道心，杂以人伪谓之人心。人心之得其正者即道心，道心之失其正者即人心，初非有二心也。程子谓：'人心即人欲，道心即天理。'语若分析，而意实得之。今日'道心为主，而人心听命'，是二心也。'天理''人欲'不并立，安有'天理'为主，'人欲'又从而听命者？"

—— 【译文】

徐爱问："道心主管我们的身体和行为，而人心听命于道心，既然有两个心，那唯一的说法听起来好像有问题。"

先生说："心只有一个心，没有掺杂人欲的心是道心，掺杂了人欲的心就是人心。人心格物至纯是道心，道心被欲望蒙蔽不再纯正就是人心，所以心无二心。程子说：'人心就代表着私欲，道心就代表着天理。'看起来人心和道心是两颗心，实际都是一颗心。一颗心并不能又是天理又是人心，两者不能并存，所以人欲不能听命于天理。"

先来理解几个概念：道心、本心、良知心。

圣人们说的道心、本心、良知心、清净心，讲的都是一颗心，是没有人欲的心，这颗心可以帮助我们看见客观规律和世间大道。当我们这颗心包裹了人欲，就成了人心。

也就是说，没有人欲就是道心，有人欲就是人心。道心和人心只是一颗心在不同时期的两种不同状态：是道心就不是人心，道心支配着行为；是人心就不是道心，人心支配着行为。两者是同一个东西在不同时期的两种状态，不能并存，所以没有人心听命于道心的关系存在。

我们的欲望到底是什么？

现在年轻人的焦虑基本都源自"想得到"和"害怕失去"。所贪婪的东西自己负担不起，当能力还不能自如地掌控欲望时，物质就是包袱。

买得起而且不会给周围的人和自己添麻烦，这是天理；买不起还要买，那就是人欲。本心被人欲蒙蔽了，人就会焦虑，解决焦虑的办法是：过与自己能力相匹配的日子，再像有钱人那样去努力。

很多人在没钱的状态下，却想过有钱人的日子，又不愿意像有钱人一样努力。如果没钱就过没钱的日子，把注意力放在增长本事上，投入有钱人做的事业上，这样才可能变得有钱，才可能过上有钱人的日子。

穷的时候按穷日子过，不起贪心、不起嗔念；富的时候按富日子过，不起占有之心、奢侈之心、居功之心。按天理过，人生其实没有那么难，难的是战胜自己的人欲。

下面我就用现实的例子来区分天理和人欲。

【案例1】

如果包里的钱只够吃三顿饭，那吃三顿饭就是天理；如果刚刚够吃肉，吃肉也是天理；如果只够吃饭却想吃甜品，如果没钱却想吃肉，这些就是人欲。如果没有钱，为了变得有钱，为了享受更好的生活，还去坑蒙拐骗，那更是人欲。

我们现在的能力所能提供的生活若和所享受的生活相匹配，就不会带来焦虑、痛苦和妄想，不会带来人性的改变，这就符合天理，否则就是人欲在作祟。

【案例2】

现在很多人想要创业，但房贷、车贷、家庭、孩子，一个都放不下。

我们总想什么都不失去，还要得到更多，就没有办法轻装上阵，一心一意地做一件事。

不把某一件事做好就很难拥有核心竞争力，没有核心竞争力就挣不到钱，挣不到钱就不能创业成功，这就成了恶性循环。

如果房子、车子给我们带来了压力，其实就是人欲了。我们在过与自己能力不匹配的生活时就会觉得负重累累，感到非常吃力，甚至会被压垮。

当房子和车子成为负担的时候就应该果断处理，然后踏踏实实地创业，创业成功以后照样能买房子甚至买大房子。

要注意的是，不起贪心、嗔念并不是"躺平"，而是把所有的注意力用在我们的志向上。

【案例3】

想要家庭和睦美满，那么所有家庭成员都要遵天理去人欲，怎么才能做到呢？可以达成一些共识：

1.我们过自己家庭所能承受的生活，同时，我们也要努力奋斗出一个不一样的未来。

2.家长和孩子都有共同的目标，比如帮助孩子好好学习，找一所好学校，全家一起为这些目标努力。

我的孩子马上就要上初中了，我们全家一起研究孩子的上学问题，制定未来一年内的家庭战略目标来共同实现，我们所有人都在为这个目标奋斗，每个人都有分工。

这个时候，我儿子明白了他不但在读书，而且还在和父母完成一个战略目标，这是同心同德。

不是孩子为父母读书，也不是父母给孩子找所好学校，而是合作完成现阶段家庭内符合客观规律的事情。

有一天，我和儿子说："我要出去见一个人，帮你问问能不能找到一所好学校。"儿子说："谢谢。"我说："不用谢，这是我们共同的目标。你好好学习，也是为了达成目标，我们做的都是同一件事。"

我晚上回家后，阿姨说，我儿子偷偷告诉她："我爸这么努力，我也要努力考个好分数。"

实现个人目标是人欲，实现组织目标是天理。父母对孩子好不只是单纯为孩子好，而是要为家庭好，做的事情不能跟家庭里的任何成员相克，也就是不损害任何人的利益，受益的人也可能是家里的任何一个人。这就是天理，这样的家庭才能和睦美满。

一个智慧的人会把全家人团结起来，在不同的时期共同解决当下的问题。遵循家的规律，家就成了一个战船，这时家人之间才不会有抱怨，而会共同前进。

1-4
为什么现在的离婚率那么高

因为很多人结婚时都在算计对方，
想从对方那里得到好处，
当得不到好处的时候就会选择离婚。

—— 阳明先生对人欲带来的危害进行了详细说明。

问"道心""人心"。

先生曰："'率性之谓道'，便是'道心'；但着些人的意思在，便是'人心'。'道心'本是无声无臭，故曰'微'。依着'人心'行去，便有许多不安稳处，故曰'惟危'。"

—— 【译文】

有人向先生请教"道心"与"人心"的区别。

先生说："'率性之谓道'就是道心，但有些人带有私欲就是人心了。'道心'本来是无色、无味、无声的，与客观世界融为一体，这就是道心的微妙之处。如果按照人心去做事情，也就是带着人欲去做事，就会有许多隐患，这就叫作'惟危'。"

这段是提示我们要警惕自己的人欲带来的隐患和危难。

"率性之谓道"，这是《中庸》里的一句话，意思是能够遵循自己的天性就是率性，当我们遵循天性去活的时候就是道了。天性就是客观规律，天性就是道，所以我们这颗心才会是道心。

"惟危"完整的一句话是"道心惟微，人心惟危"。遵循道心去做事，就是按照客观规律去做事，呈现出道心的本质，事情就能成；而若是按照人心去做事，也就是听任自己的人欲去做事，很多时候会违背客观规律，就会产生很多隐患和危难。

良知之心也是客观规律的一部分，所以叫作道心，但人往往都有很多人欲，有人欲的心就叫作人心。用道心还是用人心做事，决定了事情的成败。

【案例1】

现在社会上有的人是为了私心而结婚。

我认识一对夫妻，两人都是带着彼此算计的私心结婚——有人的时候他们一起算计别人，没人的时候他们就彼此算计。平时算计你的钱多我的钱少，各自存各自的钱；在孩子的日常开销上，计较你花的钱少，我花的钱多，最后彼此都觉得吃亏了，于是就离婚了。

【案例2】

有一种人欲叫作恐惧和抗拒。

我的一个朋友在丽江投资房地产亏了很多钱，我问他现在如果把债还完手上还剩多少钱，他说还剩一两千万。于是我劝他趁着手上还有钱，赶紧打住别干了，因为按照客观规律来说，以后肯定赔的钱会更多。

但他心有恐惧和抗拒，不甘心生意失败，害怕面子过不去，抗拒生意失败给他带来的负面影响。于是他特别执着地干下去了，到最后倾家荡产，另外还借了好多钱。

看，我们总以为自己掌握着命运，但往往我们才是被人欲推着走的人。人欲指引我们做的决定很多时候都会毁了我们的前程。

细细想来，其实人生中很多决策都是恐惧和抗拒帮我们做的：结婚，是因为恐惧孤独终老；离婚，是因为抗拒婚姻中出现的问题；工作，是因为恐惧没钱；辞职，是因为抗拒工作上的压力……而一个智慧的人从不会依靠人欲来做决定，只会用客观规律来判断，懂得什么时候该进，什么时候该退；懂得及时止损，也懂得东山再起。

【案例3】

学员问："男人应不应该是一家之主？"

答：一个没有本事、没有能力的人，只凭"男人"两个字就能当一家之主吗？

一家之主是谁不取决于性别，而取决于德行和能力的匹配。如果能在人品、境界和创造结果上做好，不管是男人还是女人都可以当一家之主，如果做不到就别把"男人"两个字太当回事儿。

就像以前的封建家庭中，都是由长子长孙继承家业，但如果长子长孙德行不好，能力又差，如何能将家业发挥光大呢？我们见过太多没有能力的长子长孙败掉家业的事例了，所以这种长子继承制已经被现实社会所淘汰，只要德行好、能力够，不管是第几个儿子、第几个孙子，都可以继承家业。

为什么很多女人做事总是照顾男人的感受？因为此时的女人认为男人是一家之主，但是这个男人总让她失望。

不论性别，有德行、有能力的人都可以当一家之主，才会不让家庭成员失望，才能引领家庭发展得更好。女人不需要特意为男人去做什么，而是男人女人都应该思考能为家庭做什么。

在儒家思想里，于兄弟而言，弟弟对哥哥的态度应该是"敬"。敬是指长幼有序，要求态度恭和，说话声音不大，吃饭座位不抢上位，等等。很多家庭认为弟弟该听哥哥的，但敬不等同于服从，所以弟弟不一定非要听哥哥的话。

弟弟听不听哥哥的话，取决于哥哥想法的高度和能力的强弱，是否能让弟弟由衷地佩服和服从。如果哥哥的话不对还要求弟弟听从，那是人欲；如果哥哥的意见是对的，而且弟弟听取了，就是从善如流。

1-5
"宰相肚里能撑船"真的是因为度量大吗

是因为宰相心境高,心里装着大事,
自然不会计较小事。

—— 阳明先生说人表现出来的行为不一定代表本性。

来书云:"有引程子'人生而静,以上不容说,才说性便已不是性'。何故不容说?何故不是性?晦庵答云:'不容说者,未有性之可言;不是性者,已不能无气质之杂矣。'二先生之言皆未能晓,每看书至此,辄为一惑,请问。"

"生之谓性","生"字即是"气"字,犹言气即是性也。气即是性,人生而静以上不容说,才说"气即是性",即已落在一边,不是性之本原矣。孟子"性善"是从本原上说。然性善之端,须在气上始见得,若无气亦无可见矣。恻隐、羞恶、辞让、是非即是气。程颐谓"论性不论气,不备;论气不论性,不明"。亦是为学者各认一边,只得如此说。若见得自性明白时,气即是性,性即是气,原无性气之可分也。

—— 【译文】

你信中说:"有人引用程颐先生的'人出生而静,以上不容说,才说性便不是性',为什么不能说?为什么不是性?朱熹回答说:'不能说是因为人出生的时候没有性存在；正是因为出生没有，后面成长中才会掺杂了各种不同的人性。'关于这一段，两位先生的说法我都不太明白，每次看到这里就感觉很迷惑，所以我来向先生请教。"

人一出生所呈现出来的本源是人性，呈现出来的是本性的气质和状态。气质就是性质的呈现，性质就是气质的本源。但是气质的呈现只不过是人性本源呈现的一部分，以部分概全这样说人性就有了偏颇。孟子的性善论，是从人性本源上讲的，然而性善的开端，必须在气质和状态上才能看到，如果没有气质和状态就看不到了。恻隐、羞恶、辞让、是非都是人的本源呈现出来的气质。程颐先生说："说性不说气，那对性说得就不全面；说气不说性，那对性就没说明白。"这是因为学者只看到气或者性其中的一面，他只能这样说。如果能看明白自己的天性，那么气就是性的呈现，性就是气本源，本来性和气就没有分别。

我们看到的表现只是本性的一部分而已。

"生之谓性"，生命所呈现出来的一切本源都是人性。"人生而静"，这是人性，处于未发之中的状态，不掺杂任何人欲。

人所呈现出来的性质是由人本源的特点所导致的，不能够通过某一种呈现就断定人只有这样的本性。

在不同的应用场景里面，人性质的展现是不同的，所以呈现出来的状态也是不一样的。也就是说，我们不能够通过某个人在某个时空所呈现的性质来判定这个人的本性，因为在不同的情况下，他会呈现出不同的本性。

也可以理解为《金刚经》讲的"空即是色，色即是空"，"空"就是人的本性，"色"就是人本性的呈现。

【案例1】

学员问:"如何让自己的度量变大?"

答:不要追求度量大。很多人以为宰相肚里能撑船是宰相的度量大,其实不是,真正的原因是以下三个:

一是宰相能看破很多事,看破了就不计较了。比如,你问我一个问题我不回答,你就不高兴了,但是我为什么非要回答你的问题呢?我不想回答,我自私,我狭隘,有什么不能理解吗?这世界上自私、狭隘的人太多了,如果看破了就不会计较了。

二是宰相的心境高。宰相有自己的修养,关注的是修自己的心,不向外要求别人,而是从高维度去看问题、理解问题。如果我们也达到这样的心境,我们就会理解别人,甚至会同情别人了。

三是宰相心里装着大事,小事干扰不了他。生活里不如意的小事都不能干扰到宰相,因为他心里装着更大的事。比如,你中了五百万元的彩票,而且十分钟之内要兑奖,跑在路上时被人绊了一跤,你不会跟他计较,而是会爬起来继续跑,因为去兑奖就是你的大事。度量的大小取决于事情的轻重,心里有更重要的事,其他事情就显得不重要了。一般度量小的人就是心里装不了大事,内心境界不高,看不清别人。

这世界上永远存在计较的人、算计的人、卑鄙的人、情绪化的人,你能较劲得过吗?这些人就像蚊子一样,永远都存在,难道你被咬了一口还非要咬回去吗?

我们的生活里永远会有挥之不去又给我们带来痛苦的东西,我们只能去适应这个社会和这种现象才能好好地生活下去。

【案例2】

学员问:"每次与人交往时,我总是太在意别人的感受,说每句话都担心会给别人带来不悦,即使被别人用语言攻击,也会觉得是自己语言使用不当造成的,该怎么调整自己?"

答:当我们把人欲包装成为别人好,我们就会认为这是一种优秀的品质,因此不需要改正。

首先我们要明白,不想让对方难堪,不是因为我太善良,我心太好,我太照顾别人。表象可不是我们真实的人性。那么照顾别人的情绪,到底是为别人好,还是为自己好?

其实是为我们自己的人欲,一般会有以下三种情况:

1.我觉得我是为你好,给你留面子。

2.我说话让人难堪,是我造成的,是我的责任。

3.我有过让人难堪的经历,感觉很痛苦,不想重温那种痛苦。

不管是我为你好,我不想负责,还是我不想重温痛苦,都是以我为出发点的得失心造成的。

因为你的情绪让别人难堪,或者因为你的私欲不敢让别人难堪,这些都是你造成的。这时你需要把私欲放下,客观地考虑:我和这个人的关系需要难堪吗?还是我们这段关系遇到了问题,需要一场难堪来解决?

做好人不会让关系好,做善人才会。善是指要符合规律,符合人道。也就是说,当关系需要一场难堪就来一场难堪,需要一场战斗就来一场战斗。比如,在某一件事里,你给了对方情分,却被认为是你的本分,这时候就需要一场难堪,让对方回归到正确的人性上。

这是从关系的需要来的，而不是从你个人的人性、喜好、情绪化来的。你需要是人欲，关系需要就是人道。

所以，当我们面对自以为是的人时，你完全可以把他的不懂、无知、浅薄和自傲扒得干干净净。

1-6

为什么我们会反感"为你好"

因为很多人所谓的"为你好",
都是想改变对方来顺应自己的想法。

—— **阳明先生就出发点进行了讲解：**

问："身之主为心，心之灵明是知，知之发动是意，意之所著为物，是如此否？"

先生曰："亦是。"

—— **【译文】**

陆澄问："心是身体的主宰，那心的透彻清明就是认知。认知发动就有了意念，意念所在处就是事物，是这样吗？"

先生说："是这样的。"

我们要先分清楚良知心和人心。

阳明先生将我们的心分为两种状态：一种状态是本心，也就是良知心；另一种状态是良知心外包裹了人欲的人心。

"身之主为心"，意思是我们的心主宰着身体，指挥着我们的行为。

以本心出发的心念是符合客观规律的，会有善的动机和出发点；以欲望出发的心念是满足私欲的，与客观规律相违背，就会有恶的动机和出发点，可能会因为私欲对别人造成伤害，也可能会伤害到自己。这也就是"有善有恶意之动"。

比如，我想吃东西是本心，想吃好吃的就是人欲。又如，我想喝可乐，即便明知道这个东西会让血糖增高，我的身体不适合喝这个，但我还是想喝，这就是人欲。

做事的出发点和动机会影响最后的结果。如果出发点是符合客观规律的，那我们就能成事。但如果出发点是不符合客观规律的，那我们最后得到的结果一定不会是好的。

那么，怎么知道自己看到的世界是不是客观的呢？

实践是检验真理的唯一标准，所以我们能通过实践反向推断出发点是否正确。用出发点反观认知是否正确，用认知反观自己的心是有欲望的人心还是没有欲望的本心。只有本心之下才是真知。

你成事了吗？你的家庭和谐吗？你的人际关系很好吗？你的心情舒畅吗？如果答案全都是否定的，那一定是自己的认知出了问题，在本心外面包裹了人欲。

也就是说，如果事业没有发展，家庭不和睦，夫妻关系不好，同事关系不好……你感觉到了生活中的痛苦，一定是本心包裹了人欲所导致的，因为你在用人欲心生活。

【案例1】

学员问："妻子不愿意跟我沟通，父母不愿按照我说的方式改变生活习惯，不知道是哪里出了问题？怎么解决？"

答：有时候，我们觉得对的道理不一定就是天理。全家人都无法遵循的道理，就不符合客观规律，所以你讲的道理一定不符合客观规律，里面反倒隐藏着你的人欲。

符合家庭理念和符合家庭规律是两回事。现在大多数的家庭理念要么是父母教导的，要么是社会规定的，要么是自己创造的。每个家庭都应该走属于自己的家庭理念。

你想为全家好，这个出发点是对的，但夹杂着你的私欲：希望妻子按照自己的方法沟通，希望父母按照自己要求的生活方式生活。这些都既不符合客观规律，又不符合人道，他们必然是不会遵循的。那么怎么改变呢？

放下改变他们的念头，将注意力放在改变自己上，去掉自己的人欲，做到真正的客观。

尊重妻子的沟通方式，她喜欢唠叨就听她唠叨，她不喜欢表达也不要强迫她，她需要你做什么你就去做什么；尊重父母的生活方式，穿旧衣服，不会用手机、平板电脑和家用电器也没关系，尊重他们保持旧有的生活习惯，他们也能很快乐。

这也就是修身里的第二个层次"和众"——跟爱人合道，跟父母合道。

【案例2】

学员问："我性格急躁，一点就炸。比如今晚吃火锅，但我丈夫没有提前给我说，我就会生气并向他发火。我该如何控制情绪，做到像您一样温文尔雅呢？"

答：你没意识到你的出发点是自己的人欲。先来看这件事里你暴露出的两个问题：1.你会对自己产生评价和看法，说自己性格急躁；2.你会和别人进行比较，看到别人温文尔雅，而说自己容易发火，这就是一种比较。

你之所以会产生看法和比较，是因为你的心中存在对错心。那我们应该怎么做呢？

当情绪出现后，我们不要对自己产生看法。因为当你的情绪波及别人时，这造成了第一次伤害；当你因为自己的情绪后悔时，这造成了第二次伤害；而当你因情绪而对自己产生看法时，这是第三次伤害。因此我们要抑制住自己情绪发生后的对错心，用良知心去感悟事情背后的规律。

第一，为什么你会生气呢？因为你的丈夫没有提前说要吃火锅，而这恰好是你在乎的点，所以你希望他能事先一同协商，而不是吃的时候才说。

第二，为什么你的丈夫没有提前跟你说？因为你没有把你的要求告诉他，却想让他在完全不知道的状态下满足你的期待。一旦要求没有得到满足，你就会生气，抓住这个点不放，把自己的情绪全部爆发出来，用这种方式来让丈夫知道你在意的是什么。所以，你并不是一个情绪化的人，而是一个需要情绪化来满足你需求的人。

那么你表现出来的需求，体现了你的什么人欲呢？

如果你想让丈夫做什么事都要经过你的同意，这体现出你控制别人的人欲；如果你觉得你丈夫没有资格独自决定吃什么，这就体现了你占有和支配别人的人欲；如果你觉得丈夫做选择应该提前告诉你，那这就是你对于尊重需求的人欲。

所以，你之所以发脾气，是因为人欲没有被满足，你行为的出发点是人欲。当你感悟到了事情背后的规律时，你就会知道，想要控制自己的情绪,你要做的就是不要用情绪解决问题,而是用沟通解决问题。

你可以和丈夫说:"我生气的点其实是你没有提前告诉我,所以希望我们以后什么事都要互相商量着去做;我发火是因为我心中有人欲,在人欲去除之前,希望你也能够多多包容我,尽量照顾我的感受。"

其实,我们的人性中都有缺陷。我们要做的,就是通过沟通让别人能够回避自己人性中的缺陷,通过修心修正自己的缺陷。

1-7
为什么有些人会觉得世界上坏人多

因为心中充满警惕、
怀疑和不信任感的人看到的世界也是这样的。

—— 这个道理阳明先生是从意的产生来说明的。

心者，身之主也，而心之虚灵明觉，即所谓本然之良知也。其虚灵明觉之良知应感而动者，谓之意。有知而后有意，无知则无意矣。知非意之体乎？意之所用必有其物，物即事也。如意用于事亲，即事亲为一物；意用于治民，即治民为一物；意用于读书，即读为一物；意用于听讼，即听讼为一物。凡意之所用，无有无物者。有是意即有是物，无是意即无是物矣，物非意之用乎？

—— 【译文】

心是身体的主宰，而心的特点是虚、明、灵、觉，就是所谓的良知。良知感应事物产生意念。有感知才会有意，没有感知也就不会有意了。知难道不是意的本体吗？当意要作用的时候，一定有相应的物存在，这个物也就是事。比如，意用在侍奉父母，侍奉父母就是一件事；意用在治理百姓，治理百姓就是一件事；意用在读书，读书就是一件事；意用在审理案件，审理案件就是一件事。凡是有意念的地方，不可能没有一件物。有这个意，就一定对应这个物，没有这个意也就不会有这个物，事物难道不就是意作用所呈现出来的吗？

我们对人、对物的认知来自心。

这颗心是良知心，不是指心脏，而是指一种存在。可以把它理解成灵魂，或者是脑海中的一个神，它主宰着我们的身体，佛教里也叫作佛心。

"虚"是没有主观意识的客观存在，"灵"是对事物的感知，"明"是对客观规律的认知，"觉"是对客观存在的感知和呈现。这四大特点就是人类的共性，即良知。

良知放在具体的存在上就会产生意，意所在的地方就产生了物，这个物就是事。这里所说的物是存在，所说的事是行为。如果没有了良知感应产生意念，事物对我们而言就不存在了。

良知心具有三个特性：

1.良知心是光明的、一尘不染的，就像一面明亮的镜子，帮我们照出万事万物的客观规律。

2.良知心是老天在造人的时候赋予我们的特性，就像是水有水性、树有树性、动物有动物性一样，而我们人的特性就是良知，也就是我们不需要思考，自然就能知道。当看到影视剧中的感人情节就会流泪，看到凄惨的人就会心生怜悯，看到父母时就想孝顺他们，这些自然而然流露出来的情感和行为，都是我们的良知所导致的。

3.良知心是没有主观意识的，包裹人欲的心才有主观意识。

"知"是有感知，"意"是注意力，"天知"是客观存在。

良知因外界事物的感应而触动，就变成了意。意就是出发点，想做什么，动着什么样的心思，起了什么样的念头，都叫作意。

我们的注意力放在哪里，就会做哪件事。我的知在企业上，我就会做发展企业的事情；我的知放在父母身上，我就会做孝顺他们的事情。这里面的"知"，不是"知道"的"知"，而是"认知"和"感知"的"知"。

如果没有去感应这件事物，这件事还存在吗？当然存在，只是我不知道它们的状态，但不管我知道还是不知道，它们都在，这叫作天知。

也就是，注意力放在哪里，哪里就存在事物，它一旦存在了，我们就会产生意念，并且有行动和选择；如果我们没有把注意力放在那上面，那个事物就没进入我们的心，我们就不知，但天知。

总的来说就是：我们的良知决定着我们的意，意最终作用在了具体事物上。

了解了意的产生，我们就会明白阳明先生说的"心外无物"。

所有的物体，只要我们的注意力放在了它身上，那它就存在于我们的心里。心是什么样，就会照射出来什么样的世界，我们认识的世界都是由我们的心照射出来的。

如果我们有恨，那我们是恨的创造者；如果我们有苦，那我们是苦的创造者。我们开了什么样的感知窗口，就会看到什么样的世界。

撞到了一根柱子，你只会感觉到疼一下，但如果一个人撞了你，你就会怒气冲天，不依不饶，因为在你的认知里，你认为他是刻意找你麻烦。一场大雨淋湿了你的衣服，你顶多觉得自己没带伞真倒霉，但如果别人把一杯冷水洒在你身上，那你就会生气。同样都是衣服湿了，但心情却是截然不同的。

在不同的情景里，你的心境不同，感受也就变得不同。一切的痛苦与自己的心境、视角有关，是自己创造给自己的。

所以，我们是我们内心世界的创造者，是我们痛苦的创造者，是人生局限的创造者。

"境由心造，非关于境，有心则有境，无心则无境。苦从心中来，非从境中有，心生境生，心灭境无。"愚蠢的心选择痛苦，智慧的心选择爱护自己，让自己解脱。

【案例1】

比如，花有花味，这种香味是客观存在的，就是天知。我没有闻到香味，我就不会去看它；我闻到了香味，我才会去看它。看到了它，我才会想再走过去闻一闻，再问问是谁放在这里的。也就是你感知到了花，才会产生注意力，身体才会去行动。

【案例2】

在生活里可以看到很多这样的例子：

我之前很喜欢比亚迪的一款汽车，一路上能看到二十多台，虽然路上也有奔驰、宝马，但我印象不深，我的注意力全放在比亚迪上面了。这就是我对奔驰、宝马的窗口关上了，比亚迪的感知窗口打开了。

我做直播的时候，总有些同学关心我，"吴老师身体怎么样？""吴老师别讲太多了，别太累了"。如果我把爱的窗口关闭了，就看不到这些关心；如果我还把愤怒的窗口打开了，就只看到黑粉骂我的评论。但我选择把爱的窗口打开，把愤怒的窗口关闭，我就只看到了关心我的评论，因此我的世界就充满了爱。

当身边有亲近的人怀孕了，你就会发现大街上有很多孕妇，因为怀孕这件事变得和你有关，你就把对怀孕的感知窗口打开了，于是每次上街都会特别注意到那些怀孕的人。但在你亲近的人没有怀孕的时候，你不会注意到这些人，她们依然存在，但是你的感知窗口是关上的，你对孕妇的感知也就关上了。

  如果你有防备心，那你看到的就是孩子在骗你，丈夫在骗你，你身边的所有人都在骗你；但如果你有一颗仁爱心，那你怀着这颗心再去观察身边人的所作所为，就会觉得被很多有爱的人环绕。

1-8

为什么我们以为对自己的好最后却害了自己

因为我们所谓的为自己好，往往是满足自己的欲望，
而放纵欲望都是危害自我。

—— 这个道理在阳明先生和萧惠的对话中解释得很清楚。

萧惠问："己私难克，奈何？"

先生曰："将汝己私来替汝克。"又曰："人须有为己之心，方能克己，能克己，方能成己。"

萧惠曰："惠亦颇有为己之心，不知缘何不能克己？"

先生曰："且说汝有为己之心是如何？"

惠良久曰："惠亦一心要做好人，便自谓颇有为己之心。今思之，看来亦只是为得个躯壳的己，不曾为个真己。"

先生曰："真己何曾离着躯壳？恐汝连那躯壳的己也不曾为。且道汝所谓躯壳的己，岂不是耳、目、口、鼻、四肢？"

惠曰："正是为此。目便要色，耳便要声，口便要味，四肢便要逸乐，所以不能克。"

先生曰："'美色令人目盲，美声令人耳聋，美味令人口爽，驰骋田猎令人发狂。'这都是害汝耳、目、口、鼻、四肢的，岂得是为汝耳、目、口、鼻、四肢？若为着耳、目、口、鼻、四肢时，便须思量耳如何听，目

如何视，口如何言，四肢如何动。必须非礼勿视、听、言、动，方才成得个耳、目、口、鼻、四肢，这个才是为着耳、目、口、鼻、四肢。汝今终日向外驰求，为名、为利，这都是为着躯壳外面的物事。汝若为着耳、目、口、鼻、四肢，要非礼勿视、听、言、动时，岂是汝之耳、目、口、鼻、四肢自能勿视、听、言、动？须由汝心。这视、听、言、动皆是汝心。汝心之视发窍于目，汝心之听发窍于耳，汝心之言发窍于口，汝心之动发窍于四肢。若无汝心，便无耳、目、口、鼻、四肢。所谓汝心，亦不专是那一团血肉。若是那一团血肉，如今已死的人，那一团血肉还在，缘何不能视、听、言、动？所谓汝心，却是那能视、听、言、动的，这个便是性，便是天理。有这个性，才能生这性之生理，便谓之仁。这性之生理，发在目便会视，发在耳便会听，发在口便会言，发在四肢便会动，都只是那天理发生，以其主宰一身，故谓之心。这心之本体，原只是个天理，原无非礼。这个便是汝之真己，这个真己是躯壳的主宰。若无真己，便无躯壳。真是有之即生，无之即死。汝若真为那个躯壳的己，必须用着这个真己，便须常常保守着这个真己的本体，戒慎不睹，恐惧不闻，惟恐亏损了他一些。才有一毫非礼萌动，便如刀割，如针刺，忍耐不过，必须去了刀，拔了针。这才是有为己之心，方能克己。汝今正是认贼作子，缘何却说有为己之心不能克己？"

—— 【译文】

萧惠问："自己的私欲很难克制怎么办？"

先生说："把你心中的私欲说出来，我帮你克制。"又说："人一定要有为己之心，才能克服私欲，才能成全自己。"

萧惠问："我也有为己之心，为什么还是不知道怎么克服私欲呢？"

先生说："那你说说你的有为己之心是什么样的？"

萧惠沉默了很长时间才说："我一心想做个好人，就认为有为己之心了。现在想想，也只是为躯体，不是真正为自己。"

先生说："真正的我们什么时候离开过自己的躯体呢？恐怕你连躯体都没能有所作为吧，难道不是为了自己的耳朵、眼睛、嘴巴、鼻子和四肢吗？"

萧惠说："是呀，眼睛要看到美色，耳朵要听到美声，嘴巴要吃到美食，四肢要贪图享乐，我的身体不能自主，所以我也不能克制私欲。"

先生说："美色让人眼睛变瞎，美声让人耳朵变聋，美食让人口味变坏，骑马打猎让人变得疯狂，这些都是危害你的耳、目、口、鼻、四肢的，怎么会是满足你的耳、目、口、鼻、四肢呢？这不是真正为自己好，如果真正想满足耳朵、眼睛、嘴巴、鼻子、四肢的要求，就应该考虑耳朵听什么、眼睛看什么、嘴巴吃什么、四肢如何运动，只要不符合人道规律就不听、不看、不说、不做，这才是为了它们着想。你现在每天向外求，求名求利，这些都是躯壳的私欲罢了。你要真正为了耳、目、口、鼻、四肢，就应该不听、不看、不说、不做不符合天理的事。但是它们能自动地不看、不听、不说、不做吗？不能，都是听由你的心在指挥的，也就是想要听、看、说、做的都是你的心。你的心用耳朵去听，用眼睛去看，用嘴巴去说，用四肢去活动，如果没有心，就没有这些活动。所谓你的心，也不是专指肉体的心，如果专指肉体的心，现在已经死了的人，肉体的心还在，为什么不能看、听、说、做呢？而是那颗能听、能看、能说、能做的心，这个心就是人性，是天理。有了人性才会有对应的天理，发挥出来的就是仁。人性表现到眼睛上是看，表现在耳朵上是听，表现在嘴巴上是说，表现在四肢上是动，这都是天理作用的结果，天理主宰着我们的身体，这个天理就是心。当心的本体是天理的时候，就没有不符合规律的地方。这个心才是真我，也就是真正的自己，也主宰着躯体。如果没有真我，也就没有躯体。有真我才活着，没有真我就死去。你如果真的想满足躯体的要求，就必须用这个真我，时常存养真我的本心。在别人看不到的地方谨慎小心，在别人听不到的地方唯恐有失，就怕亏损了本心一点点。所以有一点不符合天理的想法，就像刀在割，针在刺一样，疼痛难忍，必须拿掉刀子，拔掉针头，这才是为己的心,才能克制欲望。你现在正是认贼作子,为什么还说自己有为己之心又不能克制私欲呢?"

想要克制私欲要从认识私欲说起。

这一段话主要讲如何克制人欲。阳明先生认为,人一定要有为己之心,只有在自己的心上下功夫,才能克制人欲。

"有为",有所作为。"为己之心",在自己的心上有所作为。

为什么很多时候很难做到克制人欲呢?

第一,克制不了人欲,是因为我们找错了自己的私欲。

如果每天都想要找出自己的人欲,并对自己的人欲深恶痛绝,一旦有了这种想法,恰恰就是人有了人欲,因为"想找出人欲"的想法本身就是私欲。一个人带着人欲去找人欲能准确地找到吗?当然是不可能的,只有良知心才能找到真正的人欲。

所以,正确的做法是:当你觉得自己有人欲时,不要生气,也不要恨自己,更不要瞧不起自己,而是要保持一个平和客观的态度,这样才能找到自己的人欲。

第二,克制不掉私欲,是因为我们不懂什么叫作真正的"为己之心"。

在"为己之心"上,一般会有两个误解。

第一个误解是,我们以为一心想做好人,就是有为己之心了。但是,有了成为好人这个执念,其实就是有了人欲,反而就没有了为己之心。其实很多时候,我们对于好人的标准甚至不一定正确,很多标准都是被社会舆论绑架的。从内心来说,我们不是真的想做个好人,我们不是真心孝顺父母,不是真心尊重朋友,不是真心爱护爱人,只是为了达到好人的标准而强迫自己去做,这就是人欲。

第二个误解是,以为满足了身体上的人欲就是为己之心。但实际上,真正的为己之心是要存养良知心。

我们看到了美色，听到了美声，品尝到了美食，身体就感受到了舒适。一旦总想要获得满足躯体的美好感受，我们就会对这些东西产生执着，这就是人欲。

但用眼、耳、口、鼻、四肢的感官来满足的人欲，大都是在危害我们自己。因为所有的美声、美色、美食都会抓住我们的注意力，我们越关注这个点，就越是对其他的东西视而不见。也就是说，有了人欲，人会被人欲所操控，就会变瞎、变聋，自然无法看清世界的客观规律。

比如，我们走在路上时，看到的是路的全貌，但若是走过一位美女，我们就只能看见美女，而看不见路的全貌；我们专注听歌，注意力都集中在歌上，我们就注意不到脚下，可能就会摔跤、会滚下楼梯；夫妻吵架，两个人的注意力都放在怎么击败对方上，就不会顾忌旁边还有老人和孩子，不会顾忌哪些话能说、哪些话不能说。

正如《道德经》中所说："美色令人目盲，美声令人耳聋，美味令人口爽，驰骋田猎令人发狂。"所以，修行的人需要持戒。

"为己之心"是指在良知心下，只做对自己有益的事情，每天看美景、吃美食满足的其实是人欲。对自己无益的事情只是服务于人欲，有益的事情才是服务于本心。如果真正想为自己好，那就驾驭自己的器官，有些东西不能听，有些东西不能看，有些东西不能吃，有些事情不能做，这就是孔子说的"非礼勿视，非礼勿听，非礼勿言，非礼勿动"。

人最难克制的是自己的人欲，所以"胜人者有力，胜己者强"。

这里的"礼仪"是指规矩和流程。不是我们现代语境中的礼貌、仪表的意思，而是儒家思想中指的内涵。圣人在看透了人的规律后，延伸出来了很多道理，这些道理在相应的应用场景下会转化成对应的规矩和流程，这些规矩和流程也就是礼仪。不做违背礼仪的事情就是不做违背客观规律的事。

比如，在家穿背心和拖鞋，但是去了西餐厅就会打领带、穿西服、皮鞋，使用刀叉，这就是良知心感悟到的不同场景下的规矩和流程。

每个人都有人欲，外面的好东西满足的正是人欲。当你在满足人欲时，就没有为己之心了。只有有所作为、有所觉悟、有所控制才能修炼出良知心。在良知心的指导下，才会做既对自己有益又符合客观规律的事。

带私欲的人心只会伤害自己，真正对自己好的是良知心。

只有对人欲有足够的认知，才知道怎样去克制它。

我们的心负责掌管注意力。注意力在眼睛上，就会看到世界；注意力在耳朵上，就会听到世界。我们的注意力放在哪里，我们也就会采取相应的行动，所以修行的人需要先养心，再用心去主宰五官和四肢。

当我们存养好了良知心，一点点违背良知心的事都无法忍受，这样才能够战胜人欲。

没有修行的人，只能由世界主宰自己——看到美女就想占有，看到美食就想吃掉，如果满足不了自己的人欲，就心如刀绞。有修行的人，不会被外界左右，用良知心决定选择，决定快乐，如果让心蒙了尘，就会心如刀绞。

【案例1】

如何理解"美色令人目盲，美声令人耳聋，美味令人口爽，驰骋田猎令人发狂"这句话呢？请看下面的例子。

比如，玩游戏比写作业开心，在床上躺着比健身舒服，烧烤比水煮白菜好吃，饮料比白开水好喝……这些所有看起来舒适感很强的事情，结果都不是好的：作业没完成不仅会挨骂，而且成绩也会下降；缺乏锻炼，所以身体素质变差；重油、重盐的饮食习惯让身体不好了；饮料喝多了，得了糖尿病……

我们所看到的、听到的东西会影响我们的心。例如，大家在休闲时刷抖音，如果刷到的全是烦心事，那这一整天都会觉得郁闷；如果我们刷到的全是开心的事，那这一天的心情都会变好。这就能说明，一旦我们执着于痛苦或者快乐，就不能客观地看世界。

【案例2】

在受苦的时候，一定要记着一句话："你之所以受苦，是因为你在追求人欲的满足。"

如果谈恋爱的时候只在乎对象漂不漂亮、帅不帅，单纯满足了我们对美色的追求，不在乎德行，最后可能发现对方是个骗子。

如果追求的只有金钱、房子、车子、地位，只满足对物质的需求，最后的结果可能是越来越不知足，欲望越来越大，因为没了底线进而犯罪。

如果挣的钱都用来吃喝玩乐，只满足了享受的人欲，不在德行和认知上提高，最后可能还是守不住钱财，甚至染上赌博的恶习而欠债无数。

当只追求人欲的享受，不追求内心的时候，一定会有苦难在后面等着。所以，如果我们现在正在受苦，不要抱怨，因为这都是这么多年追求人欲的报应。

1-9

为什么我们会觉得人生无常

因为我们想用一成不变的方法
应对千变万化的世界，
把任何一件不在控制内的事情都叫作无常。

—— 阳明先生是从古代圣贤感悟客观大道来说明这个问题的。

问："圣人应变不穷，莫亦是预先讲求否？"

先生曰："如何讲求得许多？圣人之心如明镜，只是一个明，则随感而应，无物不照。未有已往之形尚在，未照之形先具者。若后世所讲，却是如此，是以与圣人之学大背。周公制礼作乐以文天下，皆圣人所能为，尧、舜何不尽为之而待于周公？孔子删述《六经》以诏万世，亦圣人所能为，周公何不先为之而有待于孔子？是知圣人遇此时，方有此事。只怕镜不明，不怕物来不能照。讲求事变，亦是照时事。然学者却须先有个明的功夫。学者惟患此心之未能明，不患事变之不能尽。"

曰："然则所谓'冲漠无朕，而万象森然已具'者，其言何如？"

曰："是说本自好，只不善看，亦便有病痛。"

"义理无定在，无穷尽。吾与子言，不可以少有所得而遂谓止此也，再言之十年、二十年、五十年，未有止也。"

他日又曰："圣如尧、舜，然尧、舜之上善无尽；恶如桀、纣，然桀、纣之下恶无尽。使桀、纣未死，恶宁止此乎？使善有尽时，文王何以'望道而未之见'？"

——【译文】

陆澄问："圣人们能随机应变无穷尽，难道是他们预先有准备？"

先生说："怎么能准备这么多呢？圣人的心像明镜，只是因为是明镜，可以随时感应，没有事物不能照见。没有之前照过的事物还留在镜子上，也没有还没照见的事物预先出现在镜子上。如果后世的学者是这样讲，那与圣人的学说相差太远了。周公制作礼仪音乐教化世人，这是圣人能做到的事。那为什么尧、舜不做，偏偏要等周公来做呢？孔子删减编著《六经》教化世人，这也是圣人能做到的事，但为什么周公不做，而要等孔子来做呢？由此可见，是圣人遇到什么样的事，才会做什么样的事。只害怕镜子不够明亮，而不怕明镜照不出事物。探求事物的发展变化，也就是用心照时事。但学者必须先下功夫，让自己的心变得明亮。学者只需要害怕自己的本心不能明亮，而不需要害怕明亮的本心不能照见事物的天理。"

陆澄问："这样说来，那么'冲漠无朕，而万象森然已具'该怎么理解呢？"

先生说："这句话本来很好，但因为没有被正常理解，就出现问题了。

"客观规律没有固定不变的，而是每一个刹那都在变幻无穷。我给你说的学问，不能只做浅显地领悟就停止，那再给你讲十年、二十年，甚至五十年，也不会透彻。"

一天，先生又说："圣人如尧、舜，已经够贤明了，但还有比他们更贤明的人，善是无穷尽的；恶人如桀、纣，已经够残暴了，但还有比他们更残暴的人，恶也无穷尽。即使桀、纣没有死，残暴的事就不会再发生了吗？如果善有穷尽，那周文王又何必苦苦追求天道呢？"

阳明先生从古代和现代感悟的客观大道不同上，来说明了客观大道也是不停变化的。

"冲漠无朕，万象森然已具"，客观大道弥漫在广阔无边的天地中，虽然没有任何预兆，但万事万物的道理已经存在。

这一段话总结下来就是三句话："心如明镜，照见天理，天理变化万千。"

孔子用明镜的心照天理，照见的是他那个时代的历史现象，于是他悟得了忠、仁、礼、孝等道理。那时候是男性主宰世界的内容多，男女相处的内容就很少，是符合那个时代的天理，放到提倡男女平等的现在，就不适用了，所以时代不一样，讲的道理就不一样。

我们这个时代也需要圣人，用良知心照见符合这个时代的天理，创造新的集体意识，集体意识就是大家达成共同的观点和思想。

这个世界人人有答案，但这些答案都不解决问题。孩子为什么不读书？父母一定有答案；夫妻之间为什么吵架离婚？夫妻一定有答案；企业为什么不挣钱？老板和员工一定有答案。但这些都不是真正的答案。

因为我们的人欲不同，照出的答案也就不一样。人生就像一面哈哈镜，有些人照出来的镜像拉高了，有些人被压矮了；有些人被拉宽了，有些人照成了一道闪电。但这些都不是真相。所以，有的人离婚两三次也不知道是什么原因，很多人就是这样反复犯错也看不明白。

道心是不变的，人心是善变的。道心掺杂了人心就产生了变化，今天掺杂好色，明天掺杂贪吃，后天掺杂好面子，以后再掺杂占有欲、控制欲、居功自傲等，我们的人欲随时都在变化，这个心就跟着在变。我们妄想用一个变化的心找到一个不变的规律，这也是贪念。

就好像，以前只要在商场占到一个位置，一年挣几十万没问题，这就代表以后每年都有几十万利润。可是，后来有了线上购物，实体店的生意变得难做了。时代已经发生翻天覆地的变化了，可我们还在妄想用以前的规律来应对现在的问题，这样能解决问题吗？

佛教说"人生无常"，为什么人生会无常？因为我们在用一颗不变的心追求不变的规律，中间发生的任何不在把控内的事情都叫无常；如果我们用变化的心追求变化的规律，那一切的发生都是正常的，我们都可以沉着应对。

人有生老病死，物有成住坏空。现在做生意顺风顺水，可能明天就会赔钱；现在和丈夫感情很好，可能明天就会遭遇他的背叛。人生唯一不变的就是变化，如果我们接受一切变化都是正常的，那我们的人生就没有无常。

有这样心的人，早早看到事情发展的趋势不好，就早早地撤退了。为什么有些人能在行业衰败前挣了钱跑掉，而有些人每次都会被割韭菜？为什么有些人在生意不好做的时候也能挣钱，而有些人在形势最好的时候也很难挣到钱？这就是原因。

在做到这些之前，我们首先要学会看自己。当我们追求一个东西的过程带来了痛苦，那一定是我们有人欲；当我们对一件事、一个人产生了情绪，那一定是我们的某个人欲没有得到满足。

【案例】

为什么很多人经历一点失败就一蹶不振？因为他们不懂得接受变化。

比如，疫情导致了很多公司经营不善，很多员工面临被裁员。愚蠢的人选择抱怨，无法承受这个变化，智慧的人则能顺应变化，重新为自己找到一条出路。

为什么很多女人在感情里痛苦？也是因为她们不懂得接受变

化。丈夫现在对她好就以为丈夫会持续对她好，所以当丈夫背叛她的时候就会痛不欲生。真相是，丈夫之前对她好是真的，他现在背叛她也是真的。这都很正常，因为丈夫的人欲也是在不断变化的。

如果把接纳变化当成一个道理，那它对我们毫无用处；如果当作一个修炼的法门，就会受益终身。

1-10
"眼见为实"这个成语对吗

不对,
因为大部分人看到的只是我们想看到的东西。

—— **阳明先生与徒弟有这么一段对话:**

先生起行征思、田,德洪与汝中追送严滩。汝中举佛家实相、幻相之说。

先生曰:"有心俱是实,无心俱是幻。无心俱是实,有心俱是幻。"

汝中曰:"有心俱是实,无心俱是幻,是本体上说功夫;无心俱是实,有心俱是幻,是功夫上说本体。"

先生然其言。

洪于是时尚未了达,数年用功,始信本体功夫合一。但先生是时因问偶谈,若吾儒指点人处,不必借此立言耳。

—— **【译文】**

阳明先生启程出征思恩、田州,弟子钱德洪和王汝中送行到严滩。王汝中向先生请教佛教里关于实相与幻相的问题。

先生说:"有心就是实相,无心就是幻相。无心就是实相,有心就是幻相。"

王汝中说:"有心就是实相,无心就是幻相,是从心的本体上来说的;

无心就是实相，有心就是幻相，是从下功夫上来说的。"

先生同意。

钱德洪当时还不太能理解，下功夫修炼几年以后，才开始相信本体和功夫是一致的。但先生当时只是因为汝中的问题偶然讲的，如若要用儒家学说指点其他人，就不必借用这种说法了。

从不同维度看问题，就会得到不同的答案。

"有心就是实相，无心就是幻相。无心就是实相，有心就是幻相。"这句话看起来矛盾，实则是从两个维度来说的。

"有心就是实相，无心就是幻相"，这句话是对良知心和人心来说的。如果我们是启用良知心，这叫有心，那看到的世界都是实相；如果没有启用良知心，就叫无心，那就是启用了人心，那么看到的世界带有偏见，都是幻相。

"无心就是实相，有心就是幻相"，这句话是从出发点来说的。如果我们动了心，这叫有心，那就带有了主观意识的人欲，人欲看到的世界都是满足自己人欲的幻相，认知水平高的幻相更接近于实相；如果没有动心，这叫无心，就不会带有人欲，那看到的就是实相。

【案例1】

一群盲人摸一头大象，推测出的大象模样都不一样。

有人说是一个柱子，有人说是一根绳子，有人说是一堵墙。因为角度不一样，所以不同的人摸出来的是不同的局部，而不是真的大象。

学习就是为了学会懂得欣赏从别人的视角和维度读取的东西，把你看到的柱子、我看到的墙和别人看到的绳子拼凑起来，一同把各自接触到的局部拼凑出一个实相。一个智者一定会先聆听，再把收集到的信息拼凑起来，这样才能尽可能有全面的认知。

【案例2】

学员问："我总是觉得身边的同事很讨厌，是我的问题吗？"

答：不要轻易讨厌别人。

你之所以会对他产生厌恶之感，是因为他干扰和妨碍了你的人欲。有了厌恶的情绪，你就会创造出幻相。

你眼中看到的你厌恶的那个人，并不是那个人的客观存在，而是你自己创造出来的幻相。可是现实中的那个人，却会真实地因为你的厌恶而受到伤害。

1-11

为什么人到中年会感觉很累

因为我们需要扮演好儿子、好爸爸、
好丈夫、好员工、好老板等多重角色。

—— 阳明先生用一小段话讲明了这个大道理：

国英问："曾子三省虽切，恐是未闻一贯时工夫？"

先生曰："一贯是夫子见曾子未得用功之要，故告之。学者果能忠恕上用功，岂不是一贯？'一'如树之根本，'贯'如树之枝叶。未种根，何枝叶之可得？体用一源，体未立，用安从生？谓'曾子于其用处，盖已随事精察而力行之，但未知其体之一'。此恐未尽。"

—— 【译文】

陈国英问："曾子一天内多次自我反省，虽然很真诚，但恐怕还是没明白一以贯之的功夫吧？"

先生说："一以贯之是孔子发现曾子没有抓住学习的要领，所以才告诉他的。学者如果能在忠恕上下功夫到极致，怎么不是一以贯之的功夫呢？'一'就像树的根，'贯'就是像树的枝叶。没有树根，哪里来的树枝和树叶呢？本体的存在和其作用是一体的，没有本体存在哪里有作用呢？朱熹说：'曾子在本心的作用上，已经可以随着事物精确地感悟，并付诸行动，只是还没领悟到心的本体和作用是一体的。'这样恐怕是没有说全面。"

我们做的为什么总是和心里想的不一致呢?

"一以贯之",是指做人做事按照一个道理,坚持下去,不会改变。"贯"是通的意思。

就像我们修阳明心学、修儒家学说,就按照其脉络去学习,始终如一不要改变,因为只有不改变地坚持下去,才能领悟到儒家思想的真谛。所以,不管是修佛还是修道,都要一以贯之。

"忠恕",是对自己严格要求,对他人宽宏大量。"忠恕"是一种做人的准则,就是对自己要求严格,说到做到,忠于事情,忠于承诺,忠于感情,忠于关系。"忠"是待己以严,"恕"是待人以宽。

如果一个人一生只追求一件事,"忠恕"就变成了一种修炼的法门。不停地修炼的人也会拥有大智慧,所以修忠恕也是一以贯之。

佛教里有一个门派叫作律宗,其修行方法与禅宗不一样。禅宗是用来感悟的,读书少,感悟多;而律宗是严格地按照各种标准,律自己的人欲,限制自己的人欲。修律宗就是修自律,修对自己的约束。这个自律不只是行为,而是多方面的。

阳明先生把人比作一棵树,人心就像树的根,深深扎在土里看不见。我们能看见的只有树枝、树叶、花和果实,这些都是外在呈现出来的。我们看到的每个人都是表相的,外形是什么样,取决于树根是什么样。

我的心,活出了我的形;我的形,是我的心产生的作用力。如果我的心是慈悲的,我的眼神才会慈悲;如果我的心是阴险的,我的眼神也会散发出阴险。

了解了根的重要性,我们就要说到重点了。

朱熹说:"曾子于其用处,盖已随事精察而力行之,但未知其体之一。"这句话是错误的。

如果曾子每天反省的都是自己行为层面、作用层面的东西，而不从内心下功夫，也就是说他没有修体，而是在修用，没有真正认识到体到底是什么，就会专注在用上，这样没有通过自己的行为，去存养自己的本体，就不能让本体和作用形成一致性。

如果修心，本心会自动产生作用；不修心就会成为虚假的人，本心是本心，作用是作用，这个作用不是从心发出的意愿，而是脑子控制出来的，所以就会显得不够自然，不够真实，也不够有底气。

我们的心没到，我们的行为到了，就会出现两种特性：

1.这个行为是假的，很容易被别人看穿。

2.用大脑控制的行为比较容易疲劳，也会感觉到痛苦。

把这段话归纳成一句话就是：我们学习就要像种树一样，要把根养得发达。我们的心就是这个根，当我们把本心存养得好，心自然会产生作用。

【案例】

我们总说，中年人有中年人的苦恼。上有老，下有小，要工作挣钱还要干事业。好像是说这些事很累，实际不是，而是我们没有存养本心。

我们的心还是年轻时候的心，我们贪婪，冲动，向往自由，不想承担负担，但是在行为上又不得不约束自己，扮演一个好儿子、好爸爸、好丈夫、好员工、好老板……

就像踢足球，如果用脑判断怎么踢，速度又慢，能量又弱；如果用心去踢足球，速度又快，能量又强。用脑子指导行为会很累，用心指导行为则会轻松自在。

所以，中年人的累源于心里是一套，行为是另一套。

1-12

如何才能做到一个行业里的佼佼者

用"惟精惟一"的态度去钻研,
"惟精"是把这件事研究透彻,"惟一"是专注在一件事上。

—— 阳明先生在这段里提出了"精一"的概念:

"万象森然时,亦冲漠无朕;冲漠无朕,即万象森然。冲漠无朕者,'一'之父;万象森然者,'精'之母。'一'中有精,'精'中有'一'。"

"心外无物。如吾心发一念孝亲,即孝亲便是物。"

—— 【译文】

先生说:"心中万事万物真实呈现时,心就达到淡然无我的境界;心中淡然无我,万事万物也就会全部真实呈现出来。泯然无我是'惟一'的父亲,万事万物在心中呈现是'惟精'的母亲。'惟一'中有'惟精','惟精'中有'惟一'"。

先生说:"本心之外没有事物,如果我的本心发出孝顺父母的想法,那孝顺父母就是事物。"

成果和态度之间存在一个因果关系。

"万象森然",指万事万物了然于心。"冲漠无朕",指内心淡然、安静。

"惟精"，万事万物都逼真地呈现在我心中；"惟一"，指面对万事万物，我们的心泯然无我。

阳明先生说，当对万事万物了然于心，我们就能做到内心淡然，也就能处在未发之中的状态。而当我们处于内心淡然的状态时，也就能做到对万事万物都了然于心。

"惟一"和"惟精"就像阴阳相生，是不可分割、同体共生的。它们互成因果，是统一的共存的，所以一定不要把它分开理解。

"精一"，"精"是"一"的因，"一"是"精"的果。万事万物都了然于心就是"精一"中的"精"，是我们所看到的世界；内心淡然的境界就是"精一"中所说的"一"，这是我们内心的状态。

我们的一生都在追求果，但是果是因带来的，这个因就是我们的心、我们的态度。

客观世界给我们的是果，果是由因产生的，也就是由我们的心产生的，所以我们想要达到目标，就不应该向外求，而是在我们的心上下功夫。心外无物，也就是要向内种因。

人生之所以得不到好的结果，很大原因是受到了人欲的影响。一旦良知心外面包裹了人欲，就成了人心，于是无法看清客观规律，会让我们痛苦，影响我们的决策，让我们失败。

只有通过修心提高认知，把因种好，果才能成结好。

【案例1】

男生追求女孩时，每天想的是怎么追到这个女孩，朝思暮想的态度就是"精"。因为真诚的态度，他会做很多事情来促成和女孩子的正果，这就是"一"。

只有用纯粹的态度才会得到想要的结果，因果之间是不能分开的。

追女孩应该追求的是对那个女孩的态度和爱要百分之百，当你对她的态度和爱是百分之百的时候，那她被你追到的结果就是自然而然的。

如果你没有追到女孩，那一定是你在追的过程中对目标不够专注，没有做到"惟精""惟一"或你还有些不足。

【案例2】

学员问："如何才能让心静下来？"

答：真正的心静，不是什么都不想，而是只想一件事。

当你专注在一个念头上，专心做一件事的时候，就能两耳不闻窗外事，浑然忘我，心自然就静了。

这也就是所讲的"精一"，"精"指的是内在心境的精纯，而"一"指的是外在用心的专一，能做到"精一"，心就能静。

但很多人把因果关系搞反了，以为是心静才让人专注，于是拼命强迫自己不要胡思乱想。殊不知，越是把那些想法按下去，它越要冒出头来。

心不静不是原因，而是结果。能够专注，心就能静。

1-13

偏见和误解是怎么来的

如果我们一开始对人对事就带有偏见，
那所有的想法都会是错误的。

—— 《传习录》中这段话对此进行了解释。

曰仁云："心犹镜也。圣人心如明镜。常人心如昏镜。近世'格物'之说，如以镜照物，照上用功。不知镜尚昏在，何能照？先生之'格物'，如磨镜而使之明，磨上用功，明了后亦未尝废照。"

—— 【译文】

徐爱说："本心就像镜子，圣人的心就像明镜，普通人的心像昏黄的铜镜。朱熹的'格物'之说就像镜子照物品，只在照上下功夫。不知道镜子还是昏暗的，怎么能照得清楚呢？先生的'格物'之说，就是磨镜子让镜子变得明亮，在磨镜子上下功夫，镜子明亮了就不会影响照东西。"

在这段话里，阳明先生把良知心比作镜子。

镜子蒙上人欲以后就变得昏黄，不管怎么照，照见的东西都是歪曲的。

朱熹的"格物"是向外格，阳明先生的"格物"是向内格，两者有本质的区别，这里讲得最透彻。

每个人的镜子都会有"害怕看见自己缺点"的人欲。在吵架的时候，别人指出你的缺点，你会装作听不见或者解释，然后去放大别人的缺点加以攻击。

我们的镜子上还会有恐惧、贪念等难以启齿的想法，用自己有灰尘的镜子照别人，分析丈夫、分析老板、分析员工，只能越分析越生出偏见。

如果不磨镜子，我们的镜子随时都在发生变化。路上堵车、发了奖金等或好或坏的事情都会影响我们的人欲变化。人欲变化引起镜子变化，照出的东西也在变化。

修身第一步就需要诚实，诚实地看见自己镜子上有什么样的灰尘，尽管有些灰尘是自己不愿看见的，但只要想修身就必须去面对。就像一个虫子掉在了身上，我们第一个反应肯定是打掉那个虫子，所以当镜子上落了灰尘，我们也要第一时间去除掉这些灰尘。

在普通人的知行合一里，我们在思想上知道自己不够智慧，知道自己想要更多的智慧，但在行动中往往却又坚持自己的想法、推理和看问题的角度都是正确的。简单来说，认知上认为自己是愚笨的，行为上却认为自己是聪明的，所以当我们做出行动以后，如果结果不好，我们就会怨别人。

有的人喜欢学方法，我们学到再多的方法，可是我们的镜子不行，那我们怎么照也照不出客观规律。只有当我们把镜子摩擦明亮以后，我们自己也能拿出干货，创造出属于我们自己的方法，这就是"事上练"。有了自己的方法，才能解决自己的问题，这就是阳明心学成事的哲学原因。

【案例1】

以夫妻吵架为例，按照朱熹的说法，对外界的事物进行分析，那就是"格丈夫"，分析丈夫这里不对，那里不对。可你用自己有灰尘、很模糊的镜子去"格丈夫",能格出什么呢?只能格出偏见,丈夫全身上下都是缺点,那矛盾只能越来越厉害。

阳明先生说的"格物"是格自己,先磨自己的镜子,把自己的偏见去掉,把自己的人欲去掉,明亮的镜子才能照出客观规律,找到解决问题的关键。

【案例2】

什么样的女人最幸福?

答案是:爱自己的女人最幸福。

什么是爱自己呢?是吃好吃的食物吗?买漂亮的衣服吗?费尽心思得到自己爱的人吗?每天到处聊八卦满足好奇心吗?不,这些都只是自己的人欲,不是真正地爱自己。

我们要去掉心上的灰尘,用明镜心来认知。女人想要爱自己,就一定不要做这四件事:

1. 不要选择一个让自己痛苦的男人。

2. 不要去听是非之事。

3. 不要试图控制控制不了的事情。

4. 不要去执着于给自己带来麻烦和痛苦的事情。

一个真正有智慧的女人,要懂得不被欲望所支配,去掉心上的灰尘,关闭对自己无益的窗口,没有必要为不值得的人和事操心,这也是我们常说的"难得糊涂"的境界。

1-14

为什么会因为小事和爱人吵架

因为我们总是主观地认为，对方心情不好、
态度不好都是针对我们，于是专注在吵个对错上。

—— 阳明先生用良知心像太阳来说明客观存在的问题：

黄勉叔问："心无恶念时，此心空空荡荡的，不知亦须存个善念否？"

先生曰："既去恶念，便是善念，便复心之本体矣。譬如日光被云来遮蔽，云去光已复矣。若恶念既去，又要存个善念，即是日光之中添燃一灯。"

—— 【译文】

黄勉叔问："当一个人心中没有恶念的时候，便空空荡荡的，不知是否需要存养善念？"

先生说："既然已经驱除了恶念，那种状态就是善念了，就是恢复到良知心了。就好像阳光被乌云遮蔽，乌云飘走之后阳光就显露出来。恶念已经去除了，还需要存养什么善念，这就好像是在阳光里再点一盏灯。"

阳明先生将良知心比作太阳。

我们每个人心中都有光明的良知心，就像阳光一样存在着。

但平时我们总会被外界的事物干扰，被自己的人欲所困，就像乌云一样遮挡了良知心的光芒。

当我们去掉了人欲，就如同去除了乌云，就能恢复光明了。这个光明本来就存在，无须再增加什么光明。

阳明先生不仅把良知心比作太阳，在他心里，良知心也是明月。

他在五十岁那年的中秋节写下一首诗，其中有一句是"吾心自有光明月"。其实我们每个人的心中都有一轮明月，当我们去掉遮蔽内心的杂念和人欲，恢复到本来的良知时，也就养得了一颗如同明月般光明通透的心。

【案例】

如果你开车时突然发现自己逆行了，你会怎么做？

相信大部分人都会选择马上掉头到正确的道路上去，肯定不会有人把车停在那儿，然后开始责骂自己怎么那么笨，连车都开不好吧。

那为什么在生活中遇到其他问题时，我们却总是先责怪自己，而不去想着换条路走呢？

比如，工作没做好，你就开始垂头丧气，抱怨自己能力不足；家庭没经营好，你就开始责怪自己，没有拿出更多的时间照顾伴家；孩子没教育好，你就开始挑自己教育方法上的错误。

生活中但凡遇到了问题，很有可能是因为我们的人欲过剩，遮盖了良知心，包括对自己的责怪也是一种人欲。

智慧的做法应该是修自己的心，去掉人欲放出良知心，再在事上练，最终找到那条最符合客观规律的道路。

如果把时间都放在责怪自己上，那我们必然痛苦；如果把时间都花在修心上，我们才能成事。

阳明先生又强调了要相信客观存在，就像相信太阳无所不照一样——

先生曰："无知无不知，本体原是如此。譬如日未尝有心照物，而自无物不照。无照无不照，原是日的本体。良知本无知，今却要有知；本无不知，今却疑有不知。只是信不及耳。"

——【译文】

先生说："心的本体不存在知或不知的说法。就像太阳的存在，没有刻意去照亮万物，但实际上无物不照。没有刻意去照亮却又无所不照，这就是太阳本体的存在。良知的存在本来不是为了'知'存在，却非要说它是为了'知'；良知本来是无所不知，现在却又怀疑它有不知的，这都只是因为你不相信良知。"

如果没有阳明先生的这段讲解，我们很容易陷入误解。

有的人认为，太阳的存在是为了照亮地球，给生命温暖，其实并不是这样。太阳的客观存在就是一个发光的星球，自己在不断发光，不断向外界发射热量，它没有任何主观意愿要照亮世界，也没有任何主观意愿为万事万物提供热量。

当我们认为太阳有主观意愿照亮我们、给我们温暖的时候，那我们一定是凭借主观来认知太阳了。实际上，世界上的任何存在都不是为了我们而存在。我们的良知心其实和太阳一样，只是客观的存在。

天地万物孕育了太阳，太阳生来就有光和热的特性；天地万物孕育了人类，人类生来就有"知"的特性。人类不是为了"知"而存在，但具有"知"的功能。

不管我们相不相信，良知都客观存在；不管我们有没有意愿让良知去认知，当我们起心动念的时候，良知就会主动去认知，告诉我们答案，指导我们的行为。

如果我们不能客观认知，那是因为我们的良知心外面包裹了人欲，人欲蒙蔽了良知心，但这并不会影响它的存在。

【案例1】

我用一个案例来解释什么叫主观认知。

你的丈夫在外面受了气回家，他自然会散发出生气的能量，这是客观存在。你工作下班回来，还要买菜做饭，做好了叫丈夫吃饭。可他一个人坐在那里生气不理人，你看着就来气了。

你想：你冲谁来啊？我们都一样上班，我回家还得煮饭，现在叫你吃饭，你还耷拉着脸，给谁看啊？

他受的气消化不了，把气带回了家。他原本就是生气的，这是客观存在；可你认为他不理你，是闹脾气给你看，这就是你的主观认知。

【案例2】

学员问："我的姐夫和内弟在共事。姐夫为人善良，但不太能吃苦，做事累了会发脾气，有委屈闷在心里。弟弟是老板，为人善良但是'直男'，嘴巴不太会说。两个人做事经常会有矛盾。姐姐夹在中间很难做，怎么解决这个问题？"

答：内弟是"直男"，意味着他就是直来直去的。他主观认为我是老板你应该听我的，只要我是对的就不讲究任何方式和方法，你应该理解我，这是一种人欲；姐夫跟着内弟干，主观认为我们是亲戚，我应该有特权，你不应该那么严苛，这也是一种人欲。两人的人欲相碰撞，就有了现在的情况。

那么，客观要求是什么？是在共事时，不要讲弟弟、姐姐、姐夫的关系，企业里应该讲企业关系，讲同事关系，家庭关系留在家庭里讲。

要知道在组织架构里，是没有弟弟、姐夫、姐姐、小舅子、妻子这些职位的。姐夫就是一个员工，得看他在企业里有没有贡献？没有贡献就让他离开，不能把家庭关系掺和到企业里。

如果想要改变现在的紧张关系，两个人都需要抛开自己的主观认知，端正心态。

内弟管姐夫的时候不要当他是姐夫，他是干吗的？工作有没有做好？要对事不对人，用职位考核这个人；姐夫要放下姐夫这个身份，在企业就是个员工，要么放下身段，要么别干。

事道上摆正叫公，也就是符合做事的客观要求；人道上要讲究情，人道上姐夫还是姐夫，需要弟弟尊重。

姐夫和弟弟两人有一人不能摆正心态，都是伤害大家庭。只有当两个人都变得客观，分清企业和家庭，分清事道和人道，这样家庭才能和睦。整体来说，这件事难度还是比较大的。

1-15

如何让孩子主动学习

父母要有边界感，放下对孩子的支配，
让孩子明白，学习是他自己的任务。

—— **阳明先生讲解的这段很好诠释了边界感：**

澄问"操存舍亡"章。

曰："'出入无时，莫知其乡'，此虽就常人心说，学者亦须知得心之本体亦元是如此，则操存功夫始没病痛。不可便谓出为亡，入为存。若论本体，元是无出无入的。若论出入，则其思虑运用是出，然主宰常昭昭在此，何出之有？既无所出，何入之有？程子所谓'腔子'，亦只是天理而已。虽终日应酬而不出天理，即是在腔子里。若出天理，斯谓之放，斯谓之亡。"

又曰："出入亦只是动静，动静无端，岂有乡邪？"

—— **【译文】**

陆澄向先生请教《孟子》中"操存舍亡"这章内容。

先生说："'心游移不定的时候，就不知道方向了'，这虽然是就平常人关于心的学说，学者也必须知道心的本体就是如此，那么，这样修炼存养本心的功夫没问题。不能随便说出就是亡，入就是存。如果谈论到心的本体，原本是没有出入的。如果谈论到出入，那么人的思考运用就是出，然而主宰人的本心明明就在那里，哪里有出呢？既然没有出，哪里又有入？程颐所说的'腔子'也只是天理而已。虽然整天操劳应酬，也不会超出天理，即使只是在腔子里。如果超出了天理，那就是放纵，就没有了本心。"

先生又说："出入都只是心的动静，动静无常，又怎么会有方向呢？"

阳明先生这段话是从人欲和良知心开始讲解。

"操存舍亡"出自"操之则存，舍之则亡"，说的是你拿起什么，什么就存在，你放下什么，什么就会消失，也可以简单地理解为"拿得起放得下"。

阳明先生认为，心念是游移不定的，时而回到本心上，时而又游离到本心之外，这是由于我们的人欲在不断变化、不断消亡，后又生长所导致的。

但无论我们的心念怎么游离，本心都依然在那里存在。所以，孟子说的"操存舍亡"是不适用于阳明心学的。

主宰人的是本心，本心是一颗智慧之心、一颗良知之心，一直都客观存在。但是，我们的心念会变化，当心念回归到本心时，我们能察觉到本心的存在；但当心念游离到本心之外时，我们就无法察觉到本心的存在。我们察觉不到它的存在，不代表它就不存在，实际它就在那里，无所谓出入的概念。

出入其实就是动和静，既然动静无常，又怎么能有方向呢？这句话有点像佛教的观点，无论你有什么样的执念，你的本心都在那里。

所以，修行就是在做减法，把欲望修掉，注意力才能回到自己的本心上。

接着讲到了边界感。

"腔子"就是天理的意思。只要心之本体始终在天理的范畴内，那就会是良知存养的状态；如果超出了天理的范畴，那就会偏离良知，不符合天理的就不是本心。

其实这段话中，最有趣的就是"腔子"的概念，"腔子"的概念可以从狭义和广义两个角度来讲。

从狭义的角度来讲，可以指代我们的躯体，也就是无论你多么操劳，你的心都是存在于躯体之中的，这就是客观规律。

从广义的角度来讲，这个"腔子"也可以指代我们所处的组织，这就到了和众的范畴。无论我们处于什么领域，我们都要给自己按照客观规律制定一个规矩，我们的行动始终要在这个规矩里。除此之外，这个组织也必然会存在组织的三观，我们个人的三观一定是要和组织的三观所契合，一旦我们超越了组织的三观，或者是和组织的三观相冲突，那么组织就会出现问题。所以，"腔子"这个概念其实就是告诫我们做事得有一个边界，只有在这个边界之内的行为才是符合客观规律的。

【案例】

学员问："我的孩子现在上六年级，特别爱看漫画书、科幻小说，却不爱看有关学习的书，每次学习都是被动的。如果我考试前逼着他写卷子背东西，他能考98分，但如果我不监督他学习，他就只能考80分。我该怎么让他变得自觉？"

答：我家孩子也是六年级，他特别喜欢看动画片。如果认真学习就能考全班前三，不认真就只能考十几名，所以我的情况和你的差不多。

我们首先分析一下你的情况：

第一，你要把"他是你儿子"这件事从你的心里面剔除，因为如果你总是那么想，那你对他就会有无限的占有欲和支配欲。

第二，既然你监督他学习，他成绩就能提高，那说明你这种强硬的方法对他来说是有用的，并且他也是一个比较聪明的孩子。

那么，我建议你参考一下我教育孩子的方法。我经常对我儿子说：

"人生有两场游戏，一场是你自己想玩的游戏，另一场是社会规定要你玩的游戏。对于我来说，我想玩的游戏是玩手游，但社会规定我玩的游戏是挣钱养家；对于你来说，你也有你想玩的游戏，比如玩手游和看动画片，而社会规定你玩的游戏是学习并且在考试中取得好成绩。

"虽然我也不喜欢应试教育，但是没办法，这是社会为你制定的游戏规则，只有玩好社会让你玩的这个游戏，你才能有资本去玩你想玩的游戏。

"你想想，如果人人都抗拒社会给自己制定的这个游戏，那会怎样？比如，我天天在家打游戏，不去挣钱，那你吃什么？你还会不会有像现在这么好的生活环境？所以社会对每个人都是公平的，我们都有不得不完成的任务。我支持你看动画片，但前提是你要先把社会给你的这个游戏完成，再去玩自己喜欢的游戏。所以，你应该先去写作业，学完了就能好好看电视了。"

此外，我会告诉我儿子："家是一个集体，需要具有集体意识，那就是让家变得更好，我们一家三口要为这个目标一起奋斗。"对于我儿子来讲，他现在要做的就是好好学习。对于我和我爱人来说，我们要做的就是好好挣钱。我们三个人都要承担起自己的任务，这是我们在家庭里的责任。和众也就是这样，让自己的个人意识被集体意识所约束。

1-16

与合作伙伴决策上有矛盾怎么办

不执着于对错，不拘于是谁的决策，
凡是在实践里能成功的都采用。

—— 阳明先生在这里讲解了良知心和事上练的重要性：

来书云："但恐立说太高，用功太捷，后生师传，影响谬误，未免坠于佛氏明心见性、定慧顿悟之机，无怪闻者见疑。"

区区格、致、诚、正之说，是就学者本心日用事为间，体究践履，实地用功，是多少次第、多少积累在！正与空虚顿悟之说相反。闻者本无求为圣人之志，又未尝讲究其详，遂以见疑，亦无足怪。若吾子之高明，自当一语之下便了然矣，乃亦谓"立说太高，用功太捷"，何邪？

—— 【译文】

你来信说："恐怕先生的学说太深奥，但学习起来又很简单。后代学者传承起来容易出错，以至于会误入佛家明心见性、定慧顿悟的思想中，这也就难怪学者们会心生疑虑了。"

我讲述的格物、致知、诚意、正心的学说，都是学者用功的方法，需要感悟研究实践，实实在在地学习，反反复复地积累。这正好与佛教的空虚顿悟思想完全相反，这些学者本来就没有做圣人的志向，又没有详细的研究，所以他们有疑问也不奇怪了。但像你这样聪明的人，本来应该一点就通，但为何说立论太高，学习实行起来又太简单呢？

想要客观分析现状就要先修良知心。

一个人的良知心应该在平时的行动里去研究，在实践中去感悟，在行动里去落实，修阳明心学实际就是"事上练"。事上练的是本心，在践行中里感悟本心在不在。

比如，人性里的恻隐之心是老天赋予的，转换成对所有人就是仁爱，这是良知心自带的本能。我们在平时的生活里感觉到生出了恻隐之心，那就是感觉到了良知心的存在。这时应该去研究为什么会生出这种恻隐之心，然后再把恻隐之心放到生活里去实践。

当我们去医院看望病人，看到了病人的痛苦，就会生出恻隐之心；当我们去养老院，看到了老人弯腰驼背的老态，也会生出恻隐之心；当我们去扶贫，看到了人的穷苦，还是会生出恻隐之心。当我们带着恻隐之心去做事，就会做出对社会有贡献的事情，这就是恻隐之心的落实。

修炼阳明先生的儒家思想和修炼佛学截然不同，不是静坐，不是坐禅，不是闭关，而是"事上练"。在生活实践中找到光辉的人性，当我们心生恻隐的时候就是散发出了光辉的人性。反复实践，反复积累，良知心就会不断地被看见，不断地存养，不断地修成。

心学：确定目的——在实践中体悟本心——在实践中使用本心——达成目的。

禅宗：静悟——明心见性——用于实践——达成目的。

由此可见，阳明心学是动，佛家是静，两者完全相反。

从静悟中感悟出来的本心不一定能用于实践，但在实践中感悟的本心，那一定能经得起实践的考验。

其实，阳明先生理解的佛教不够全面，受限于当时的信息不流通，他能接受到的佛教理论只是他成长过程里能接触到的大师所传授的。而我们现在科技快捷、信息通畅，能了解到的学说更广博。禅宗也有很多门派，禅的学派的思想一旦入世，就和阳明先生的心学相类似了。

佛教的思想也可以用于实践，现在有部分禅宗大师提倡生活禅，就是把禅的理论用于生活，也就是入世。河北赵州禅寺慧定大师在世时，每年都在寺院做生活禅。三祖在世的时候提倡禅就是生活，禅就是劳动，禅就是种田，在自给自足的过程里修禅。六祖的徒弟也说过禅就是劳动，禅就是生活。

儒家和佛教都是修行的方式，都没有绝对的空想派和绝对的实干派。选择哪种方式也应该根据客观规律来，当我们没有人生目标的时候可以修佛，当我们有目标的时候可以修儒家"事上练"。

【案例】

学员问："我和合伙人经过三年的努力，一起经营了几个店面。但我一直和合伙人在公司发展上有分歧，他们想要扩大规模，而我主张不要扩张，因为没有业务员，全心全意经营好一个店面就好。我想退出，他们却说离不开我。之前受疫情的影响，我又想建议关掉两个店并减少员工工资，我是不是太没有格局了？"

答：首先，没有所谓的格局大、格局小，做事符合客观规律才是最高境界。

其次，到底用谁的决策，就跟学儒和修佛是一个道理，要看哪个更符合你们现在的情况，看哪个能行得通。

先来分析一下你们为什么会产生分歧。

第一，做事的习惯不同。你习惯保守，他习惯冒险。这其实是互补，你的保守可以让公司减少损失，他的冒险可以让公司的规模更大。

第二，能力不同。他是战略性人才，不愿意让你离开代表他在识人、用人上有眼力，不会因为你们有争执就不用你。而你被他需要，说明你是战术性人才，你的想法都能够落地。

战略性人才的逻辑是，疫情严重时，租金可能会降低，一些商铺将转租，此时再去和大型商场谈入驻，以前进不去的地方现在就是时机；而战术性人才的逻辑是，时刻要控制成本，公司才能好好活下去。

如果没有战略性人才，你们的店走不到今天这样的规模，所以要珍惜战略性人才，懂得解读战略性人才的逻辑。同时，战略性人才也要接纳战术性人才的逻辑。

有他们在，可以做大规模；有你在，可以控制好成本。这样看来，你们各自都有长处，都有办法让事业往好的方向发展，互补一下会不会成为最好的搭档呢？

那该如何判断是该闭店还是继续扩张呢？

第一，按照时势来判断。你和你的合伙人没有谁对谁错，该做怎样的选择是要依据形势来判定的。比如，困难时期的小米、阿里这种大公司都在裁员，缩减规模，那么此时小规模企业就更要审时度势。该扩张的时候扩张，该收缩的时候收缩，该裁员的时候裁员，该控制成本的时候控制成本，这才是符合客观规律的。

第二，按照客观规律选用思维方式。你表现出来的是一种条件思维，你认为必须有足够的员工、足够的利润才能开店，没有人做业务就要关店；而拥有目标思维的人是根据时代和客观规律的需要制定一个目标，围绕这个目标创造条件。没有人做业务？那就培养更多的业务员，让企业建立出培养人才的体系，而不是一味地控制成本。我们应该先有目标思维，再有条件思维。

所以，你们不应该单一地纠结闭店还是扩张，而是应该坐下来，放下对彼此的偏见和看法，客观地分析双方的优势和现在的市场情况。你们可以各自提出意见，进行推演，再付诸实践。无论是谁提出来的策略，凡是在实践里能成功的都采用。

1-17

为什么我们总是被人骗

因为我们总是从表面来判断一个人的好坏,
认为对自己好的就是好人,对自己不好的就是坏人。

—— **阳明先生的看静心和动心,与看好人和坏人是一个道理:**

侃问:"先儒以心之静为体,心之动为用,如何?"

先生曰:"心不可以动静为体用。动静,时也。即体而言用在体,即用而言体在用,是谓'体用一源'。若说静可以见其体,动可以见其用,却不妨。"

问:"儒者到三更时分,扫荡胸中思虑,空空静静,与释氏之静只一般。两下皆不用,此时何所分别?"

先生曰:"动静只是一个。那三更时分空空静静的,只是存天理,即是如今应事接物的心;如今应事接物的心,亦是循此天理,便是那三更时分空空静静的心。故动静只是一个,分别不得。知得动静合一,释氏毫厘差处亦自莫掩矣。"

—— **【译文】**

薛侃问:"儒家思想认为静是心的本体,本体动起来是人的功用,是这样吗?"

先生说:"心不能用动静来说功用,动静都是从时间来说的,功用在本体中,本体在功用中,这就是'体用一源'。如果说静可以呈现出本体,动可以体现出功用,那也可以这样说。"

有人问:"学者到三更时分清除了胸中的思虑的时候,内心空空静静,仿佛和佛教中说的静一样,但两者的作用却不一样,有什么区别呢?"

先生说:"动和静都只是一个事儿。三更时分空空静静的状态,只是存养了天理,也就是我们平时应对事物启动的那颗心;这颗心因为遵循了天理,所以才会在三更时分呈现出空空静静的状态。所以,动和静是一个事,不能分开来说。而佛教里的静指本心,忽略了动,和儒家的差别也就失之毫厘,差之千里了。"

阳明先生先讲了心的动静。

渴了想喝水,就是心动;看到红烧肉想吃,就是心动。"体用一源",意思是事物的本体和作用是发自一个东西。

无论静心还是动心,都是这一颗心,动和静本来就是一体,只是心呈现出来的两种状态而已。静是心在天理状态下的一种存在形式,也是心作用在事物上的一种存在形式。

平常作用在事物上的心是这颗心,三更时分扫除思虑后的心也是这颗心,这颗心还是一颗心,没有变,所以动和静是一致的,是合一的。

我们从三个维度来看良知心,也就是从三个维度看好人、坏人:
1.从时间的维度看,心一会儿静,一会儿动,也就是薛侃的说法。
如果从时间的维度看人,他以前做了很多坏事,现在在做好事,那么我们说他是坏人还是好人呢?未来也不确定他会做坏事还是好事,就更没办法说他是好人还是坏人了。所以,我们不能从不同时间点呈现的好坏来判定一个人的善恶。

2.从功用的维度看，动产生了作用，静就没有作用了。我见到美女心动了，功用角度这就是心动了。

如果从功用的角度看人，一个人正在做公益活动，我们就能说他一定是一个好人吗？可是他以前不做公益，以后也不做公益，那他到底是好人还是坏人？所以，我们不能单从一件事来判断一个人的善恶。

无论是从时间维度还是从功用维度来看心，结果都是片面的、偏激的。

3.从本体的维度看，才是最准确的。六祖所说的"菩提自性，本来清净，但用此心，直了成佛"也是从这个维度说的。

心安静地存在和心的功用产生了动，是我们的心在不同时刻表现出来的不同状态而已。这颗心的存在就是存在方式，同时它又会发挥功用，就像我们的心脏，既是一个客观存在，又在用血管输送血液，都是这一个心脏创造的，这就是本体一源，所以我们不能把静和动分开来看。

【案例1】

学员："为什么好人总是被坏人欺负？"

答：如果从时间和功用来看，那欺负人的就是坏人，被欺负的就是好人。但从本质来看，就不是这样的。告诉你一句很难听但是很现实的话：这个社会上从来都没有好人被坏人欺负，只有无能的人被厉害的人欺负，弱小的人被强大的人欺负。只有你足够强大，这个世界才会对你和颜悦色。

我们被欺负了，是因为我们无能或者弱小，但是我们不敢也不愿承认，就把自己包装成了好人。

总被坏人欺负，觉得我被欺负了一定是因为我太善良、太好说话了，这就是一种认知错位。

那么正确的认知是什么呢？向内求，学会面对自己的弱小，找到自己的弱点在哪里。

如果你贪财，那么别人就会在钱上面算计你；如果你渴望安全感，那么你的家庭、爱人就是你的弱点。人一旦有了人欲，别人就能投其所好，对准你的欲望来攻克你。想要变强，第一步就是去掉人欲。

【案例2】

学员问："在工作中太进取，总觉得自己吃亏；做事不认真，又觉得白白浪费了时间。怎么开导自己？"

答：从时间和功用的角度看，此时此刻你多做工作，在团队里发挥了更大的作用，却领着同样的工资，确实是吃亏了。但本质上，这样看问题的角度是错误的。

你说的吃亏和浪费，都反映了你的得失之心，这是人欲。很多人也是有这样的得失之心：当我们认真地做了很多事情，努力取得了好结果以后就会想，我做了那么多，可是我收入没有增长，职位没有晋升，那些没有干活的人收入反而比我高，职位也比我晋升得快，那么我吃亏了。

这种逻辑里面存在着两个人欲：

第一个人欲是追求公平。但这世界上就没有绝对的公平，每个人站的角度不一样，对公平的理解就不一样，绝对公平是永远办不到的事情。

你可以对别人公平，但你无法强求别人对你公平。如果你不要求别人对你公平，就少了很多烦恼；当我们学着对别人公平，追求公平的人才会越来越多，我们才有可能感受到更多的公平。

第二个人欲是付出了要有回报。我上进了立马要有回报，没有回报就是吃亏，没有得到期望的赞美或物质就是吃亏。

从本质来看，你自己其实是受益人。正因为你上进，做的事情多，实践得多，认识的人多，那么见识就越多，能力就越强，别人就越离不开你，就算报酬不多，也是良性发展。如果你因为怕吃亏，就会错过增长能力，错过增长经验，错过遇见贵人，损失最大的是你自己。

没有被公平对待也可能有两个原因：一是你爱斤斤计较，别人就偏不愿意给你公平；二是你没弄清楚本分和情分，你把本分当了情分，还觉得别人没给回报。

世界上没有绝对的公平，如果企业真的让你吃亏，让你吃亏吃到没有感觉，吃到没有抱怨，吃到没有痛苦，吃到周围人都当你是傻子，那就会给你更多的机会，让你做更多的事情，慢慢你就能掌握核心竞争力。当你有了核心竞争力，你就有能力获得更好的机会，最终离开这个企业。

所谓的吃亏是福，但咱们不吃长亏。

1-18

为什么职场的人际关系都很复杂

因为你做事都是为自己好,
那就会感觉天下都在与你为敌。

—— 这个问题我们可以从阳明先生关于不动心的论述来理解,《传习录》里有两段叙述:

先生曰:"孟子不动心与告子不动心,所异只在毫厘间。告子只在不动心上着功,孟子便直从此心原不动处分晓。心之本体原是不动的,只为所行有不合义便动了。孟子不论心之动与不动,只是'集义',所行无不是义,此心自然无可动处。若告子只要此心不动,便是把捉此心,将他生生不息之根反阻挠了。此非徒无益,而又害之。孟子'集义'功夫,自是养得充满,并无馁歉,自是纵横自在,活泼泼地,此便是浩然之气。"

又曰:"告子病源,从性无善无不善上见来。性无善无不善,虽如此说,亦无大差。但告子执定看了,便有个无善无不善的性在内。有善有恶,又在物感上看,便有个物在外,却做两边看了,便会差。无善无不善,性原是如此。悟得及时,只此一句便尽了,更无有内外之间。告子见一个性在内,见一个物在外,便见他于性有未透彻处。"

— 【译文】

先生说:"孟子说的不动心和告子说的不动心有很大的区别。告子的不动心,是用人为控制自己的心不要动;孟子的不动心,是让人去感知心不动的本体存在。心的本体原本是不动的,只是因为行动里不符合天理了才会动。孟子不关心心动还是不动,只关心'集义',就是行为是否符合天理,这个时候心自然是不动的。而告子是看到心动以后,总想让心不动,就抓住这个心让它不动,这就阻碍了心自然而然生生不息地生长。不但没有好处,反而会损害本心。孟子'集义'的功夫,是将这个心存养得饱满充实,完全符合客观规律,没有不妥的地方,自由自在充满力量,这就是浩然正气。"

先生又说:"告子的病源在于他认为人性无善无恶,这种说法好像没有什么问题,但告子认定了人的性质就是无善无恶的,如果从对事物上来看,认为人性有善恶,就会以为事物在心外,这样就把心和物分开来看了,这就出现了问题。人性本来是无善无恶的,资质高的人,只要这一句话就能理解了,更没有内外的区别。但告子认为心里有人性,心外有事物,从这个看法上来讲,他对人性的认识还不够透彻。"

"只存得此心常见在,便是学。过去未来事,思之何益?徒放心耳!"

"言语无序,亦足以见心之不存。"

尚谦问孟子之"不动心"与告子异。

先生曰:"告子是硬把捉着此心,要他不动;孟子却是集义到自然不动。"

又曰:"心之本体,原自不动。心之本体即是性,性即是理。性元不动,理元不动。集义是复其心之本体。"

— 【译文】

"只要能够时时刻刻存养本心,就是学习了。过去的事和未来的事,去思考有什么益处吗?徒花心思罢了。"

"言语混乱，也就可以看出没有存养本心了。"

尚谦问孟子的"不动心"和告子的"不动心"有什么区别？

先生说："告子的不动心是抓着心，要他不动；孟子是存养本心，一直在合道上自然不动。"

先生又说："心的本体原本是不动的，你的心不动，照见的客观规律就不会有差别，不断去人欲存养本心，就是恢复本心。"

通过阳明先生的解说，我们可以发现，不动心也分为两种：

1.告子的"不动心"是人为地抓住心让心不动。

也就是说，当我们遇见某件事情感觉兴奋的时候，我们告诉自己不要心动，要保持这个状态。但这时候其实我们已经动心了，因为我们的心包裹上了一层叫作"努力想让自己的心不动"的人欲。

2.孟子的"不动心"是本心不动。

心动是因为有人欲，我们把人欲去掉，存养自己的本心，心就会一直处于合道的状态，自然就不会动。孟子是从最根本入手，修炼自己的心，自然而然地达到不动心。

我们的本心有一种天然属性是无善无恶、无对无错，就像一面镜子可以照见客观规律。如果我们的心是不变的，那我们照见的客观规律也就是不变的。所以，我们要做的只是修炼本心，恢复到具有天性的良知心。

当我们恢复到良知心，那么我们无论在生活中遇到什么问题，都能看到问题背后的规律，从而得心应手地解决。

【案例1】

我们以出轨来说明告子和孟子所说的"不动心"的区别。

告子所说的不动心，是妻子强行要求丈夫不出轨，比如威胁他：如果出轨我就和你离婚，如果出轨我就让你净身出户，如果出轨我就找人打你，等等。这里的妻子就是告子。

孟子所说的不动心，是妻子不强行要求丈夫不出轨，而是做好自己的本职工作——对丈夫好、把家经营好，让丈夫感受到妻子的好，自己产生珍惜家庭关系的意愿，出轨会影响家庭关系，所以丈夫不会做。这里的妻子就是孟子。

【案例2】

我一个朋友在大型互联网公司上班，说他们公司就像国企一样，人际关系特别复杂，他不知道该怎么去经营职场上的人际关系。

我说："为什么你总觉得人际关系复杂？那是因为你总想把你看见的人际关系复杂化，你别有用心，你怀疑别人，你怕吃亏，你做的事情是为自己好，你以为这是天理，实则是你自己的人欲。"

这就像告子明明是人为抓着心、让心不动的人欲，却认为自己就是孟子所说本心不动的天理。

你把自以为是的天理放下，去掉自己的人欲，就会看见客观规律下，人人渴望理解，人人渴望信任，人人渴望真诚，这是人性中的客观规律。如果你做的事都是为大家好，你待人以真、待人以诚，那就能将一切人际关系简单化。

当然，如果你的真诚里带着人欲，那别人也是不干的，你不真诚的原因就是要隐藏自己的人欲。其实在职场，就算有人欲也可以真诚地告诉大家，大家一般都会理解，这时候你反而是坦荡荡的。

1-19
我们的命运由什么来决定

由我们的欲望来决定。

—— 阳明先生说过，人会有妄心。

来书云："先生又曰'照心非动也'，岂以其循理而谓之静欤？'妄心亦照也'，岂以其良知未尝不在于其中、未尝不明于其中，而视听言动之不过则者，皆天理欤？且既曰妄心，则在妄心可谓之照，而在照心则谓之妄矣。妄与息何异？今假妄之照以续至诚之无息，窃所未明，幸再启蒙。"

"照心非动"者，以其发于本体明觉之自然，而未尝有所动也；有所动即妄矣。"妄心亦照"者，以其本体明觉之自然者，未尝不在于其中，但有所动耳；无所动即照矣。无妄、无照，非以妄为照，以照为妄也。照心为照，妄心为妄，是犹有妄、有照也。有妄、有照则犹二也，二则息矣。无妄、无照则不二，不二则不息矣。

—— 【译文】

你来信说："先生说'照心非动也'，是不是因为它是本心能照见客观规律就说它是静的吗？'妄心亦照也'，是不是因为良知也是在妄心之中，又是在妄心中照见，而我们的视听言动不违背原则，就都是天理吗？而且既然说妄心，那么良知在妄心上就能照到，但在照心也是妄心了。'妄'与'息'有什么不同吗？假如现在把妄之照和至诚联系起来，我就不明白了，请先生再启示一下我。"

"照心非动"，是因为照心本来就是来自本心的感悟，所以没有动，有所动那就是妄心了。"妄心亦照"，因为即使是妄心，但本心也存在，也在感悟，只是有所动的是妄念，无所动就是照心了。无妄无照，不是妄心就是照心，照心也不是妄心。如果认为照心能照见，妄心就是妄，那是认为有妄和照，有妄和照就是当作了两个心。把心分成了两个，那中间就有了停息。妄和照是本心的两种状态，是一个整体，所以良知是不停息的。

这一段话主要是讲本心、照心、良知心、妄心的区别。

本心，是完全符合客观规律的那颗心，拥有看见客观规律的能力，于是叫作良知心。良知心有一个特点，随着客观规律的不断变化，良知心能不断地照见客观规律，所以也叫照心。它一直存在着，一直照见，一直散发着良知的本性，这种不停歇、不变化的能力也就永远不会停息。

本心如果掺杂了人欲就成了人心，有了人欲以后就会产生妄念，这时候人心对外的表现形式就是妄心。

即使我们有人欲的妄心里面，依然有本心存在，这个本心还具有本心的能力，能照见客观规律，但是由于我们有了欲望，即使照见了客观规律，也不会按照客观规律去办事。

没有人欲是本心，有人欲是人心，本心和人心都是这一颗心；照心是对本心的描述，妄心是对人心的描述，照心和妄心是这颗心呈现出来的两种状态，所以不能看成是两颗心。

用照心就是按照客观规律，用妄心就是带有人欲，你用什么样的心就会有什么样的命。

第一种是用人欲指导人生的糊涂人，终其一生都被人欲控制，人欲没有得到满足的时候，他们痛苦抱怨，当人欲满足的时候会滋养出更多的人欲；第二种是用天理指导人生的糊涂人，他们知道要按客观规律做事，但从来没有真正感悟客观规律，只能通过别人的道理来做事；第三种是用人欲指导人生的聪明人，能看清客观规律，但知道有些事必定会付出代价，所以在人欲的控制下他们会选择捷径；第四种是用天理指导人生的聪明人，做的所有事情都符合客观大道，所以他们做什么都得心应手，似有天助，其实不是天在帮助他们，而是客观大道在推着他们走，这才是成事的人。

【案例1】

职场上，有一种人很难搞，那就是居功的人。

居功的人会坐在功劳簿上，要么对人的态度会傲慢起来，要么不起傲慢心，但对别人说话的态度特别敏感。

现实里很多人对贪的理解不透彻，认为不贪就是不贪色、不贪利、不贪名、不贪权，不仅不贪还很愿意付出。但实际上，对别人有贡献、不贪但居功的人比较难处。

难相处的原因有二：一是我们和他在一起的时候总觉得欠他的，二是他会尤其在意我们和他说话的态度。这类人一般动不动就委屈、难过甚至发脾气，说话的时候理直气壮，一副正人君子的样子，好像自己就是正义的化身，感觉不到自己活在居功上。

这类人当时的付出是纯粹的，但一旦有了功劳以后，就开始评价别人、操控别人、指责别人。因为他们有功我们又不好反驳，于是就忍着，越忍就越过分，直到有一天过界了，干预我们的决策、家庭、企业，我们受不了就会翻脸，翻脸以后他们就会难过，认为自己的付出太不值得了。

其实，他就是贪在人性上比别人高贵，而人性真正的高贵是朴素。

【案例2】

学员问："我家是农村的，父母比较能干。全家搬到上海后，我受到了良好的教育。父母从小就对我苛刻，我试图和他们沟通，但他们认为都是我的问题。我从小自卑，现在30多岁还没结婚，也不知道要不要回去继承家业，这些都是我的问题吗？"

答：你自己没有独立起来，你不干父母要求你做的事，你干别的事能成吗？

你去掉自己的人欲，可能会看见不一样的世界。

从教育上来说，你父母虽然没有先进的教育理念，但他们在用他们的方式与你相处、教育你。

从物质上来说，老天对你不薄——出生在农村，但有一对能干的父母，能把你带到大城市，让你有房子，有良好的教育，有事业。

从管教上来说，如果你有个大志向，父母越严格，那你就越成事。但是你懒惰，不立志，他们所有的严格就触碰到了你懒惰的人欲，让你感觉很难受。

我总讲亲子，讲的都是成年后的亲子。现在有些30多岁的人，自己不能独立、不能成事，还觉得是父母在管自己。如果你自强不息，父母还会这样管着你吗？

成年人还靠父母照理生活和支援经济，原本就是人欲。

如果我们放下自己的人欲，用良知心来看待这件事，就会发现，父母管得严，是老天给我们的两个恩德。

一来，让我们在严格的管教下经历更大的挑战，能更快地成长和独立；二来，可能有些父母有强迫症，那也是老天让我们锻炼智慧，学会与有强迫症的父母相处。

我们身边有很多人，强迫的、挑剔的、压抑的、抑郁的……千奇百怪，如果互相都看不上，都不高兴，还要怎么过？"和众"就是要把跟每个人的相处都当作一场修行，这才是智慧的人。

1-20
妻子该要求丈夫上进吗

丈夫要不要上进不是妻子要不要求，
而是要看家庭需求。

——阳明先生说，越是刻意追求什么，就越是不得。

来书云："下手功夫，觉此心无时宁静，妄心固动也，照心亦动也。心既恒动，则无刻暂停也。"

是有意于求宁静，是以愈不宁静耳。夫妄心则动也，照心非动也。恒照则恒动恒静，天地之所以恒久而不已也。照心固照也，妄心亦照也。"其为物不二，则其生物不息。"有刻暂停则息矣，非至诚无息之学矣。

——【译文】

你来信说："在平时做功夫的时候，总是觉得心没法安宁下来，妄心固然是在不停地动，照心也是在动。心既然一直在动，那就时刻都没有安宁了。"

这是因为你特别追求宁静，越是追求宁静越不能宁静。妄心固然是动的，但照心是不会动的，照心恒照万事万物的客观规律，而心一直是恒静不变的，天地之所以恒久不停歇，就是因为我们的心，照见了永不停歇的天地的客观规律。照心固然能照，妄心也能照。"其为物不二，则其生物不息"，有片刻的停歇就会灭亡，就不是至诚无停息的人心本体之学说了。

凡是刻意追求就变成了人欲。

当我们越追求宁静，就越不能宁静，因为追求宁静本身就是人欲。延伸来说，无论我们追求金钱、追求名利，还是追求无欲无求，但凡我们在追求什么，这些追求就都是人欲，那我们的心就不是良知心了。

之所以说妄心也能照，是因为妄心里面也有良知心存在，良知心掺杂了人欲就起了妄心，但良知心的功能还在。

客观世界永远是客观世界，不会有两个客观世界，而且这个客观世界是永不停息的。客观世界没有一刻停歇，那么我们的照心看见的客观世界也是没有一刻停歇的。

我们用至诚之心，让自己的这颗心保持良知之心、保持照心的状态，就是修心学的根本。

【案例1】

我们现在总在说"利他就是利己"，这句话没有毛病，但是很多人在用这句话做事的时候会出错，为什么呢？

因为我们会很刻意地想：我要为别人多付出，我要多做善事，以后我就能得到好报。有了这种期望就是人欲，就还是以自己为中心，这种刻意追求不是真正的利他。

那什么叫作真正的利他呢？首先，不要刻意追求利他的回报；其次，遵循客观规律。

在家庭里遵循家的规律，为了家庭变得更好而付出；在企业中遵循成事和管理的规律，为了企业的成果更好而奋斗；在父母面前遵循孝的规律，听从本心做到孝顺……

我们把自己放在客观规律中，就会达到一种无我境界，这时我们对组织的奉献和对身边人的付出就不是做貌似品德高尚的假样子，而仅仅是我们在天道中尽自己的本分罢了，当我们尽好了本分，天道自然会报答我们。

比如，我们热情、爱帮助别人，那我们的人缘就会好；我们工作做得多，那多做、多锻炼，核心竞争力会提高；我们对爱人、孩子关爱有加，家庭氛围就会变得和睦幸福……这世间的事一切都是因果。

【案例2】

学员问："我一直在学习想要提升，但丈夫每天除了送孩子和偶尔锻炼外无所事事。我建议丈夫和我一同进步，但是丈夫不感兴趣。我很失望，是他的问题还是我的问题？"

答：你有追求、每天学习是好事，但是让丈夫按照你的方式去学习，让丈夫达到你的境界，这就是人欲了。

我认识一位女企业家，她丈夫每天做饭、打高尔夫球、跟朋友喝酒，就是不挣钱。女企业家本来就有钱，丈夫有积蓄，女企业家不要求丈夫上进、工作，所以两个人都很幸福。

说起人欲，很多人会说女人爱买东西是人欲，男人喜欢美女是人欲，这些都太过宽泛。如果我们把家庭和谐作为目标，专注地维护家庭，那就应该去除破坏家庭和谐的人欲。

在家庭里面，以个人为标准是人欲，以家庭的需求为目标才是客观规律。

如果家庭不需要钱，那的确可以不工作。接孩子是负责任，锻炼身体、看电视、刷抖音都没给家庭带来伤害，那就没问题。你失望是因为丈夫没有按照你的标准行事，这就是你的人欲。如果你们家遇到了困难，缺钱了，那大家都得出去为这个家拼搏。

自己想上进是上进，想要别人必须上进就是人欲；自己天天上班挣钱，所以丈夫也得天天上班挣钱，这也是人欲。

如果你不是按家庭的需求和家庭成员商量、分配任务，而是用你的标准去要求家人，他们就会被你的人欲伤害到，从而让家庭不得安宁。

如果我们把人欲去掉，根据家里的需求，看这个家需要你做什么，这个家需要你丈夫做什么。妻子做好需要妻子做的事，老丈夫只要做好需要丈夫做的事，不上进也没关系。

但如果这个家需要丈夫上进，那丈夫就得上进，因为如果不能满足家庭需要，这个家就完了。

如果我们专注于为家庭好，去掉自己的人欲，一定能经营好家庭。

能干的女性在外面拼搏后回到家，丈夫把饭做好了，还给你端上热水，泡泡脚、按按摩，其实这也是一种幸福。

1-21

人与人之间的矛盾是如何产生的

因为没有分清楚本分和情分，
把别人的情分当作了本分，所以不懂感恩；
把自己的本分当作了情分，所以产生抱怨。

—— 陆澄和阳明先生有过这样一段对话：

问："心要逐物，如何则可？"

先生曰："人君端拱清穆，六卿分职，天下乃治。心统五官，亦要如此。今眼要视时，心便逐在色上；耳要听时，心便逐在声上。如人君要选官时，便自去坐在吏部，要调军时，便自去坐在兵部。如此，岂惟失却君体，六卿亦皆不得其职。"

—— 【译文】

陆澄问："人心要追逐外物，怎么办？"

先生说："君王正经端坐，大臣各司其职，天下就能治理太平。人的心统率五官，也是这样。如果眼睛要看，心就去追逐颜色；耳朵要听，心就去追逐声音。就像君王要选拔官员，就去吏部；要调动军队，就去兵部。这样不但君王失掉了体统，大臣也不能各司其职。"

这里是说，在一个组织系统里，每个人对外物都不能过分执着。

王就是君王，只做君王要做的事情；官员就是官员，只做官员要做的事情。同样，各个部门只需要掌管自己部门的事情，选拔官员就让吏部去干，打仗就让兵部去干。

我们的五官都在履行各自的职责，心作为全身五官和四肢的统帅，就不能跟着外界的事物乱跑。

作为妻子的本分是什么？作为丈夫的本分是什么？作为企业家的本分是什么？这是我们该明白的。每个人都有自己的定位和本分，先找准定位，再赋予自己本分，分清本分和情分，做好自己的本分。

我们一定要转一个念，我们对别人所有的付出，对组织所有的牺牲，都当作本分而非情分。如果我们总把自己的事当成情分，于是向别人索取回报，当没有回报的时候就会抱怨痛苦，觉得自己吃亏了；而如果我们把自己做的事看作本分，这就没有索取也没有抱怨，没有计较也没有痛苦。转了这个念，人生就全是快乐和自在，这也是从愚昧到智慧的转变。

【案例1】

以解决夫妻矛盾为例，妻子自己认为的本分和丈夫认为的本分不一致的时候，就会产生矛盾。

丈夫和妻子的本分没有国际标准，只有夫妻沟通的标准。夫妻可以一同思考：丈夫的本分是什么？妻子的本分是什么？写下1、2、3、4、5……然后告诉对方这些是你认为你该做的，让对方来确定是不是。

当你做这些本分的时候，对方不需要再感谢你，如果你做着这些对方还会感谢你，那你们的幸福感就会增强。

注意，本分是你和对方自己的意愿，是自我的约束，不能是你对对方的规定，只能感化他来约束自己，而不能强行要求对方这样做，否则更会激发夫妻矛盾。

【案例2】

以我直播为例，时间到了我该下播了，但是有同学说"老师你再多讲讲""你是老师就给我解答解答吧""老师帮帮忙吧"……我是该下课还是继续上课？

透过现象看本质，这其实是在用"老师"来绑架我。我已经上好我的课时，就做好了我的本分，如果我自己想讲，加时就是情分，我不想讲不加时也没问题。

为什么我们不能拒绝别人的请求？那是因为能满足你自己的某些人欲。

被别人勉强做自己不想做的事怎么办？找到自己人欲的那部分，然后温柔坚定地拒绝。

1-22

为什么我们害怕发生不好的事情

因为害怕失去，害怕得不到。
沉溺在害怕的情绪里，
就很难找到解决问题的方法。

—— 《传习录》里有两个生病的故事：

有一学者病目，戚戚甚忧。
先生曰："尔乃贵目贱心。"

九川卧病虔州。
先生云："病物亦难格，觉得如何？"
对曰："功夫甚难。"
先生曰："常快活，便是功夫。"

—— 【译文】

有一个学者眼睛得了病，感到非常忧虑。
先生说："你看重眼睛，忽略了本心。"

九川在虔州生病了。
先生说："病这东西也很难格正，你觉得如何？"

九川说："这个功夫的确很难。"

先生说："常保持心情愉悦，便是功夫。"

简简单单几句话，阳明先生揭示了一个大道理：我们普通人都有得失心，我们在乎已经得到的，想要还没得到的，害怕即将逝去的，害怕可能失去的。

我们想获得幸福的人生，想创造丰富的人生，想挣钱，想与人交往，就像想有一双没有生病的眼睛一样，就像全身没有病痛一样。

我们害怕出问题，害怕问题无法解决，所以在我们碰到问题的时候，就会把注意力放在出问题的地方。于是，眼睛有了疾病，就会把注意力放在眼睛上；我们有了疾病，就会把注意力放在疾病上。

可是，已经发生的事情我们再在乎也不能改变，如果我们总是盯着疾病，就会产生"焦虑会不会变得更严重""焦虑能不能治好"这样的人欲，对我们的疾病没有任何帮助，还会让心情越来越糟糕，从而让身体也越来越糟糕。

我们越是生病，就越要修养本心，将注意力放在本心上，用本心去看，才能看到眼睛的规律，看到病的规律，才能找到救治的方法。

"菩萨畏因，凡夫畏果"，普通人往往就是这样，越是什么果不好，就越忧愁什么。所有人都知道因果里因最重要，果是自然的东西，忽略本心就是忽略了因。

"危机"就是危中有"机"，如果只看到"危"，就会焦虑、害怕、痛苦、放弃。我们要换一种认知学去看"机"，"机"是规律，是解决方案。重视本心，才能找到背后的原因，才能找到解决方案，不管发生什么都能从容面对，就是中正平和。

【案例1】

学员问:"我离婚后独自带着女儿,不知道别人会不会善待我们?"

答:别人善不善待你和你女儿,取决于你够不够厉害。

很多父母离异再找的时候有一个错误的认知,就是要看对方是不是对自己的子女好。你是在谈恋爱,组建家庭,如果只执着找一个对孩子好的人,忽略了他的德行和能力,那以后的生活也是一地鸡毛。你找的对象应该是德行和能力都与你匹配,能够让你们家庭更幸福的人,孩子能够在你们创造的幸福环境里生活和成长。

离婚看上去是人生的低谷,其实也是你的转机,一个重新开始的机会,一个找到更合适的人,一起让生活变得更好的机会。

【案例2】

不要错过老天对我们的考验。

别人攻击、伤害、轻贱、侮辱我们,这是他们在不知不觉中帮我们的忙,让我们得到了一次修行的机会。

我们的人生就像是一场大型的考试,那些对我们的伤害都是老天送给我们的考验。

他们用他们的方式和语言来宣泄人欲,如果我们的人欲被刺激到了,非要跟他们争一个输赢对错,那我们就掉入了老天的陷阱当中;我们要做的就是把这些难听的话都转换成德行上的修行,修忍辱,修强大,修"不动心",修回归本心。

若用功夫于良知上,则心常精明,不为欲蔽,临事心不动。

1-23

为什么爱得越深越会痛苦

爱人是正常，但太过爱一个人就会痛苦。

──阳明先生在这段里讲到了人的七情六欲。

先生曰："'先天而天弗违'，天即良知也；'后天而奉天时'，良知即天也。"

"良知只是个是非之心，是非只是个好恶。只好恶就尽了是非，只是非就尽了万事万变。"

又曰："'是非'两字是个大规矩，巧处则存乎其人。"

"圣人之知如青天之日，贤人如浮云天日，愚人如阴霾天日。虽有昏明不同，其能辨黑白则一。虽昏黑夜里，亦影影见得黑白，就是日之余光未尽处。困学功夫，亦只从这点明处精察去耳。"

问："知譬日，欲譬云。云虽能蔽日，亦是天之一气合有的，欲亦莫非人心合有否？"

先生曰："喜、怒、哀、惧、爱、恶、欲，谓之七情，七者俱是人心合有的，但要认得良知明白。比如日光，亦不可指着方所，一隙通明，皆是日光所在。虽云雾四塞，太虚中色象可辨，亦是日光不灭处。不可以云能蔽日，教天不要生云。七情顺其自然之流行，皆是良知之用，不可分别善恶，但不可有所着。七情有着，俱谓之欲，俱为良知之蔽。然才有着时，良知亦自会觉；觉即蔽去，复其体矣。此处能勘得破，方是简易透彻功夫。"

——【译文】

先生说："'先天而天弗违'，天就是良知；'后天而奉天时'，良知就是天。"

"良知只是分辨是非的心，是非就是好恶，只要明白了好恶，就弄明白了是非，明白了是非，就是穷尽了天理。"

先生又说："'是非'两个字是个大规矩，怎么用好就要看个人了。"

先生又说："圣人的良知，就像晴天里的太阳，没有一丝云彩；贤人的良知，就像有云飘来飘去的太阳；愚昧人的良知，就是天空乌云密布遮挡的太阳。虽然在昏明上不同，但在辨识黑白是非上是一样的。即使在暗夜里，我们也能隐约看清楚黑白，这是因为还是有太阳的余光照进来。在困境里下功夫，只能从这一点点光明的地方，去体察客观规律，去感悟良知之心。"

又有人问："良知如果像太阳，私欲就像是乌云，乌云虽能遮挡住太阳，但也只是正常的天气而已，那么私欲也是人心本来就有的吗？"

先生说："喜、怒、衰、惧、爱、恶、欲，叫作七情，七情都是人心本来就有的，但是要把良知认识明白。比如阳光也不会只照射一个地方，只要有一点点缝隙，阳光都可以照射出来。就算乌云密布的天空，一样能辨别出颜色和形象，就是日光没有消失的地方，不可以因为乌云的密布，就让天空里不出现乌云。七情自然而然地流露，都是良知的作用，不能分成善和恶，但是也不能太执着。对七情太执着，就成了欲望，都会遮蔽我们的良知。当七情产生执着的时候，良知也会发觉我们对七情的执着，发觉了就会去除它，去除了就恢复良知的本性了。这个问题如果能看明白，那就是简单透彻了。"

一

阳明先生从一个新的角度来讲解七情和人欲的关系。

我们来理解"先天而天弗违,后天而奉天时"这句话的意思:那些先天就是圣人的人,与天地的规律是合二为一的,圣人的思想也不会和天地的规律相背离,所以天地的规律就是良知;后天带有人欲的人,为了修行追寻客观规律,探索客观规律,追寻客观规律就是良知,良知带来的就是客观大道。

七情是人性中正常的追求和需要。当我们的良知心把注意力放在某件事上,我们的人性注定会产生七情,有七情是正常的,但对七情的过度执着就是人欲了。

比如小时候,我们被某件事情伤害了,产生了痛苦,这种痛苦是人性自然而然产生的,但是我们对这种痛苦过度执着,持续很长时间,就像有些人失去亲人很多年都走不出来,那这种痛苦就变成了人欲。

爱一个人是自然而然的事情,但是爱到特别深,深到执着,这种爱就变成了人欲,这时候不是爱,而是成了满足个人的人欲。我们常说的爱得越深伤害得越深,也就是这个道理。

【案例1】

学员问:"每次和丈夫吵完架,我都睡不着觉,我该怎么调节?"

答:我们人生当中最愚蠢的事情,就是自找苦吃。

什么叫作自找苦吃呢?比如,你睡觉之前回想这一天发生的事情,你想起今天和丈夫吵了一架,孩子也没好好完成作业,你想着想着就睡不着了,开始默默流泪。

但这个时候，你丈夫刷着手机乐不思蜀，你孩子躺床上就睡着了，只有你一个人被困在你自己创造的情绪之中，并且痛苦得无法自拔。

这里面其实都是你的人欲：你渴望安全感，所以当丈夫和你吵架时你便承受不了；你想要控制孩子，当他不听你的话时你便感到痛苦。

这些痛苦远远超过应有的七情六欲，就变成了人欲折磨你。这样的人欲又帮你构建出了一个远远偏离客观世界的主观世界，让你困在里面痛苦不堪。

如果你想要逃离，只有去除掉自己的人欲，按照客观规律还原事件的原貌：你和丈夫吵架了，只是你们观点上出现了分歧，没有谁对谁错，而是谁的观点更有利于家庭的发展就采用谁的，更不需要上升到情感上，来判定他不在乎你；孩子没完成作业，那就帮他立志，让他知道学习的重要性。

我们的生活里，每天会发生很多事情，可能会让我们生气、烦躁、悲伤、哭泣、开心、兴奋，我们修好本心，按照客观规律去思考，才能不执着在人欲创造的痛苦里。

【案例2】

学员问："人需要谦虚和低调吗？"

答：人不需要刻意追求谦虚和低调。

正常的谦虚和低调符合人性，但过于追求谦虚和低调就是人欲了。

比如，我们都是在去罗马的路上，你走得快一些，我还在西安，你已经到新疆了。你觉得你要低调点，让别人不要给我说你到新疆了，这就是你太把到新疆这件事当一回事了，但其实，我们都没有到罗马。

就像井里的青蛙，有些青蛙在井底，有些青蛙在井的中间，在井中间的青蛙说我比井底的厉害，再厉害不也在井里吗？这也是要去大城市见世面的原因。

真正的低调和谦虚，是见识到天外有天、人外有人，知道自己离罗马还很远，没有资本在别人面前骄傲。因此，我们只能分享自己的感觉、想法和收获，不能教育别人，自然就谦虚低调了。

所以，我们追求的不应该是谦虚，而是永不停止地学习。

与谦虚相对应的是高调，高调的人一定有人欲。想在别人面前炫耀自己，想证明你高别人低，害怕别人看不起你，想在别人面前有面子等，这些都是人欲。

人也可以高调，重要的是你的起心动念是什么，你的高调是人性创造出来的，还是策略需要。如果做事情需要高调，让外界认可，这种为达成目的的高调也是可以的。

1-24

怎样做才是真正孝顺的人

孝顺不是刻意追求的品质，
也不是刻意做出来的形式，
而是发自内心自然而然的关心和善待。

—— 关于我们的本心，阳明先生有这样一段话：

来书云："佛氏于'不思善、不思恶时认本来面目'，于吾儒'随物而格'之功不同。吾若于不思善、不思恶时用致知之功，则已涉于思善矣。欲善恶不思而心之良知清静自在，惟有寐而方醒之时耳，斯正孟子'夜气'之说。但于斯光景不能久，倏忽之际，思虑已生。不知用功久者，其常寐初醒而思未起之时否乎？今澄欲求宁静，愈不宁静；欲念无生，则念愈生。如之何而能使此心前念易灭，后念不生，良知独显而与造物者游乎？"

"不思善、不思恶时认本来面目"，此佛氏为未识本来面目者设此方便。本来面目即吾圣门所谓良知。今既认得良知明白，即已不消如此说矣。"随物而格"，是致知之功，即佛氏之"常惺惺"，亦是常存他本来面目耳。体段功夫大略相似。但佛氏有个自私自利之心，所以便有不同耳。今"欲善恶不思而心之良知清静自在"，此便有自私自利、将迎意必之心，所以有"不思善、不思恶时用致知之功，则已涉于思善"之患。孟子说"夜气"，亦只是为失其良心之人指出个良心萌动处，使他从此培养将去。今已知得良知明白，常用致知之功，即已不消说"夜气"，却是得兔后不知守兔而仍去守株，兔将复失之矣。"欲求宁静"，"欲念无生"，此正是自私自利、将迎意必之病，是以念愈生而愈不宁静。良知只是一个良知，而善恶自辨，更有何善何恶可思？良知之体本自宁静，今却又添一个求宁静，本自生生，今却又添一个欲无生，非独圣门致知之功不如此，虽佛氏之学亦未如此将迎意必也。只是一念良知，彻头彻尾，无始无终，即是前念不灭，后念不生，今却欲前念易灭，而后念不生，是佛氏所谓"断灭种性"，入于槁木死灰之谓矣。

【译文】

你来信说："佛教认为'不思善不思恶的时候认识本来面目'，和我们儒家所说的格物致知的功夫不一样。如果我在不思善不思恶的时候用致知的功夫，那么已经是在思善了。想要不思善恶而良知清净自在，只有在刚睡醒的时候才会行，就是孟子说的'夜气'，但是这种状态不能长久，转眼就产生了思虑。我不知道用功时间长的人，能不能像刚睡醒那样保持不萌生思虑？现在我越想追求安宁就越不得安宁；越不想思虑就越思虑。怎么才能使心中的前念易灭后念不生，良知显现出来与上天一致呢？"

"不思善，不思恶，时认本来面"是佛教给不知道本来面目的人的简单方法。心的本来面目也就是儒家里说的良知。现在既然能明白良知，也就不用这样说了。格物是致知的功夫，也就是佛教里说的"时常保持清醒明白"，也是常常存养本来面目的意思。形式和功夫大概是相似的，但佛教有自私自利的念头，所以就和儒家学说不同了。如果说想要不思善不思恶来存养良知，让心变得清净自在，这就是有了自私自利、刻意追求的念头了，所以在不思善恶的时候来做致知的功夫，就是有了私欲。孟子说的"夜气"，是给不知道良知的人指出良知，让他们方便存养和保持。现在你已经很明白良知了，时常做致知的功夫，就不用谈"夜气"了。否则，就好像得到了兔子却不知道守住兔子，还是去守着树，那兔子还是会失去的。想要追求宁静，想要不生思虑，这些都是自私自利、刻意去追求，越想要达到，念头越强烈，就越得不到。良知心自知善恶，又怎么会去追求善恶呢？良知心本来就宁静，现在却又要求得宁静；良知本来就在不断认知，现在却又不想思虑。不是儒家学说的致知功夫不是这样，即使佛教的学说也不是这样的。只要是存养良知，从头到尾，无始无终，也就是前念不生，后念不起，现在你又想要前念易灭、后念不生，就是佛教里说的"断灭种性"，也就是形如槁木，心如死灰了。

这段话看起来很长，道理却很简单：无论是追求安宁、平静还是追求无欲无求，但凡是我们刻意追求的，就都是人欲。

"菩提自性，本来清净"，也就是说人的本心本来就是清净的，如果我们刻意追求清净，就产生了执着。就像身边有个美女，我们还要去追美女，其实我们要做的只是把握住身边的美女。

现在社会上很多人在追求无欲无求，不贪色，不贪利，乐善好施，烦恼却也很多。因为他无欲无求，他就看不上有欲有求的人了；或是他无欲无求，别人都有欲有求，他就鄙视别人了，看不起别人了，自己高高在上了。

无欲无求不等于什么也不做，无欲无求是不要把自己看得太大，不掺杂主观意识，不掺杂人欲，只按照客观规律去走。该谈恋爱的时候就谈恋爱，该干事业的时候就干事业，你想挣钱，就按规律去做挣钱的事情，不要只是脑子里想着要挣钱，当想法成为执念也就变成了人欲。

我们要做的就是返璞归真，像农民一样，该播种播种，该除草除草，该干吗就干吗。我们有些人不但不做，还天天想挣钱，不但天天想挣钱，还天天想花钱，买种子的钱用来送礼了，除草的钱用来买车了，最后就挣不到钱。

我们拥有的东西就去珍惜，我们没有的东西才是追求，良知是我们原本就有的东西，所以不需要去刻意追求良知。

良知的特性之一就是至善至恶，如果认知没有修炼好，那就不能知善知恶，那就是坑我们的认知，骗我们的认知。我们用扭曲的认知看世界就是哈哈镜，看什么都是扭曲的；当我们修炼好认知，用良知看世界，看什么都是客观规律。

"不思善不思恶"是佛教中的一个修炼方法，良知原本就不思善、不思恶，达到不思善、不思恶的状态也就是致良知。

【案例1】

我用生活中的一个例子来解说刻意追求为什么就是人欲。

比如，一个女人，她本身就是一个好媳妇，但她却立志要做一个更好的媳妇，这时候她就会刻意去研究丈夫喜欢什么样的妻子，丈夫要求妻子做什么，需要对公婆怎样才算好媳妇……她非常刻意地按照别人的标准去做，就会失去自我，本来面目也没有了。

良知不是追求，而是回归，女人的本心本来就有母性，就有大爱，就是一个好媳妇、好母亲，只需要回归本心。

孝顺父母也是同样的道理，越是追求孝顺父母这个品德，越是人欲的体现。但实际上，孝顺父母是恢复本心以后自然而然的事情。

【案例2】

很多时候我们对别人的喜欢和厌恶，都源于我们扭曲的认知。

有这样一个故事，一天唐太宗问许敬宗说："我看大臣当中，只有你德才兼备，但有人却不这么认为，这是为什么呢？"

许敬宗回答说:"春雨像油一样珍贵,农民喜欢它对庄稼的滋润,但是走路的人却厌恶它在路上产生了泥泞;秋天的月亮像明镜一样漂亮,女子喜欢它有明亮的光辉可以欣赏,但是盗贼却怨恨它的光辉。世间万物都如此,更何况是我呢?"

从这个故事能看出:如果一个人依靠自己的人欲来认知这个世界,那么如果能够满足他的需求,他就喜欢;如果妨碍了他的欲望,他就讨厌。

所以,我们的心一旦掺杂了人欲,就会创造扭曲的认知,扭曲的认知让我们看待任何事、任何人都带有偏见和不公。

1-25
为什么有的人喜欢说别人的坏话

因为他们喜欢比较，总盯着别人的缺点挑剔，想要通过比较出别人比自己差来获得自尊。

—— 关于人性，阳明先生在《传习录》里有两段论述：

来书云："良知，心之本体，即所谓性善也，未发之中也，寂然不动之体也，廓然大公也，何常人皆不能而必待于学邪？中也，寂也，公也，既以属心之体，则良知是矣。今验之于心，知无不良，而中、寂、大公实未有也，岂良知复超然于体用之外乎？"

性无不善，故知无不良。良知即是未发之中，即是廓然大公、寂然不动之本体，人人之所同具者也。但不能不昏蔽于物欲，故须学以去其昏蔽。然于良知之本体，初不能有加损于毫末也。知无不良，而中、寂、大公未能全者，是昏蔽之未尽去，而存之未纯耳。体即良知之体，用即良知之用，宁复有超然于体用之外者乎？

—— 【译文】

你来信说："良知是心的本体，也就是所谓的性本善，处于未发之中、寂然不动、廓然大公的状态。那为何我们普通人都不能达到，而必须学习以后才能做到呢？中、寂、公是属于心的本体，那良知也是吧。现在在心中验证过了，良知没有不好的，但中、寂、公都没有体现，难道良知是超越于体外作用的吗？"

老天给人的本性没有不善的，所以这颗心知道的东西也没有不良的。良知是未发之中，是廓然大公，是寂然不动的本体，是每个人都具有的，但不能避免被人欲遮蔽，所以必须通过学习来除去人欲的蒙蔽。这对良知的本体，不会有丝毫的损害。也就是说，良知没有不善的，中、寂、公不能体现出来，都是因为被人欲遮蔽，本心存养还没达到至纯至精。体是良知的本体，用是良知的作用，哪有超越于体外作用的呢？

这一段话的意思是，我们说别人坏话是因为我们有了人欲。

"性无不善，故知无不良"这是心学理论的根本。良知心是老天赋予人类的本性，没有得失没有好坏，没有得失好坏就没有情绪，没有情绪产生之前的状态就是未发之中，用这颗本心看见的就是客观规律。

良知是人性的本体，用良知看待世界就是作用，我们产生的恻隐、关怀、心疼、孝顺等都是良知的作用。良知的作用如果没有表现出来，那就是本心被人欲遮蔽了。

但是无论有多少人欲，我们的良知还是存在的。

我们把本心比作水，把人欲比作墨水，将墨水倒入水中，就是在本心里掺杂了人欲，那水就脏了，心就混了。但无论有多少墨水，水还是有水的本质，也就是无论有多少人欲，也会有良知存在。只是如果你的人欲很强，你的外在表现形式就是人欲为主导，就像水掺杂了墨水，我们就只看见了墨水。

所以，良知心没有不善，只是良知掺杂了人欲以后，良知的作用被掩盖了，就会表现出恶。

—— 书中还有这么一段话，也是水和墨水的原理，只不过把水换成了太阳：

来信云："良知亦有起处。"云云。

此或听之未审。良知者心之本体，即前所谓恒照者也。心之本体无起无不起。虽妄念之发，而良知未尝不在，但人不知存，则有时而或放耳。虽昏塞之极，而良知未尝不明，但人不知察，则有时而或蔽耳。虽有时而或放，其体实未尝不在也，存之而已耳。虽有时而或蔽，其体实未尝不明也，察之而已耳。若谓良知亦有起处，则是有时而不在也，非其本体之谓矣。

——【译文】

你来信说："良知也有其开始的地方吧。"等等。

也许是你没听明白吧。良知是心的本体，也就是上面所说的永远都存在。心的本体是没有所谓的开始和不开始的。虽然私欲已经产生了，但良知未尝不存在。但人不知道存养良知，那就有时会失去。虽然糊涂到了极点，良知也未尝没有。但他不知道觉察它，那就有时会被蒙蔽。虽然有时失去了，但良知未尝不存在，只要存养它就行了；虽然有时会被蒙蔽，但良知未尝不在，只要察觉到它就行了。如果要说良知有开始的地方，那么就表示良知有时是不存在的，那就不是心的本体了。

这里阳明先生把良知心比作太阳，把人欲比作乌云。

良知心就像太阳一样，没有所谓的开始，而是一直客观存在的。

太阳被乌云遮挡了，乌云飘过，太阳就露了出来，你能说阴天没有太阳吗？不能，太阳一直都在，你看不到只是因为被乌云遮挡住了而已。

不管有多少乌云遮盖，太阳都一直存在。同理，无论有多少人欲，我们的良知心都一直存在。

如果我们总是盯着乌云看，而不去看太阳，那就会一直看见很多乌云。但如果我们时刻看着太阳，乌云时来时去，太阳还是一直存在，那我们的心也是光明的。

这两段的意思结合起来就是：

1.我们的良知心是善的，表现出恶，是因为有了人欲。

2.无论有多少人欲，我们的良知心一直存在，我们要去人欲，恢复本心。

【案例1】

有没有发现我们不轻易赞美别人？而且别人赞美我们的时候，我们还不好意思，但我们总喜欢说别人的不好，别人说我们不好的时候还会生气。

就像去参加同学聚会，总有人说："你挣钱了吗？别人都挣钱了""你结婚了吗？别人都结婚了""你生小孩了吗？别人都生孩子了"……总有一些人专门盯着别人的毛病挑剔，好像赞美了别人就贬低了自己一样。

我们之所以会这样，是因为我们有人欲，人欲就是喜欢比较。带着比较的认知，就总喜欢盯着别人的缺点挑剔，想要通过比较出别人比自己差来获得自尊。

只有去掉内心比较的人欲，我们才能做到看见什么赞美什么。这时候我们就会发现，当我们需要从心底挤出一个词来赞美别人，那这种赞美就是真正的、客观的、发自内心的，也就是来自良知心的。

其实，赞美别人是我们自己的福报，因为每赞美别人一次，我们就能存养一次良知心，赞美越多，存养得就越多。

【案例2】

学员问："怎么克服嫉妒心？"

答：嫉妒心最根本的原因是有比较的人欲，比较的人欲造就了比较的认知系统。

有一次打球，朋友问我今天打球技术好不好。我说："我不在乎我今天打球技术好不好，我只在乎你今天打球打得臭不臭，你要是打了臭球我就很开心。"当时我是开玩笑说的。

这就是比较的认知，我不在乎我获得什么，只要别人过得比我好我就生气，别人过得比我差我就庆幸，这是我们人欲养成的习惯带来的。

如果你的价值是靠比较来确定的，这就要命了。因为你把人生当作了一个竞技场，所有人都是你的假想敌，你的内心会非常痛苦。

其实，过得好不好不用比较，也根本没法比较。

如果你是千万富翁，刚买了辆一百万的宝马，身边一个亿万富翁买了游艇，你会发现你曾经拥有的荡然无存，但是他走了以后，来了一个骑自行车的，你又会觉得自己拥有全世界。

也许从小你的父母就让你和同学比较，和兄弟姐妹比较，和邻居孩子比较……每次比较完后确定你的价值，长大以后你就获得了这样的人欲和习气——通过比较获得自信，通过比较获得价值感，通过比较得到存在感。

所以，你要去掉比较的人欲，去除比较的认知，才能消除嫉妒心。

当你与自己和解，别人才无法影响你的内心时，终有一天你会发现，你与外部世界的所有战争，归根结底都是与自己的战争。

1-26

为什么一些女人会觉得嫁错人

因为结婚前忽略了对方的缺点,
结婚以后才发现难以接受。

—— 阳明先生用戒慎恐惧来说明了这个道理。

来书云:"夫子昨以良知为照心。窃谓良知,心之本体也;照心,人所用功,乃戒慎恐惧之心也,犹思也。而遂以戒慎恐惧为良知,何欤?"

能戒慎恐惧者,是良知也。

—— 【译文】

你来信说:"先生您昨天讲的良知能照见客观规律,我也认为良知是心的本体,本心有照见的功夫,戒慎恐惧是不是也一样?如果是这样,那您就是认为戒慎恐惧就是良知,对吗?"

是良知让人心生谨慎与恐惧。

普通人很难达到戒慎恐惧的境界。

"戒慎恐惧"出自《中庸》的"君子,戒慎其所不睹,恐惧乎其所不闻",意思是君子要修养自己,谨慎去看自己看不到的东西,恐惧自己没有听到的东西。

我们看客观世界，本来应该看到客观世界的全貌，但是因为人欲，我们只会看自己喜欢看的，听自己喜欢听的，这就导致本来应该看到却没有看到，本来应该听到却没有听到。

就像别人跟我们说话，只要听到意见跟我们不一样的观点，后面的话都不听了，满脑子想的就是等他闭嘴，然后反驳他。这时候就听不到他的声音了，只听到自己脑子里的声音和准备反驳他的声音，就没办法真正听到别人真正的想法和做法。

所以，我们想要真正的客观，就要去除人欲，去看一看、听一听我们没看到的、没听到的，但又真实存在的东西。

文里阳明先生否定了学生的说法，戒慎恐惧不是良知，是良知让我们戒慎恐惧。

其实，归根结底还是要修自己的心。当我们修了心，没有人欲的时候，我们的心自然会告诉我们："小心点，有些东西你没有看到""小心点，有些东西你没有听到"。

良知会看见我们看不见的，会听到我们听不到的，帮我们呈现更全面的客观规律。

【案例1】

我们夫妻俩都在成都，儿子在北京读初一。

每天视频的时候，我会关注儿子今天发生了什么事，他的表情是什么，行事规律是什么，保证自己全面地感知儿子。

但我妻子的关注点就不同。我的儿子是个小帅哥，我妻子就眯着眼睛看儿子，说我的儿子好帅啊。我们经常开玩笑说我妻子是儿子的第一个小迷妹。

在我妻子的眼里，就看不见儿子今天发生了什么，看不见儿子的行事规律是什么，满心满眼只有儿子帅气。这就是只关注了帅就看不见别的东西。

【案例2】

当我们爱一个人的时候，看到的只是想看到的。喜欢帅哥就会把注意力都放在他的外貌上，他的人品呢？他的能力呢？他和你的相处方式呢？都看不见。

等结婚以后，时间长了，丈夫长得帅这个事情慢慢就看惯了，直到某天突然看见别的了，比如性格不好、能力不强、人品太差。这下就后悔了，想离婚了，这就是结婚的时候看的角度太单一，即那句"情人眼里出西施"，什么都好。

1-27

为什么闹情绪的时候不能做决定

感情用事只会让事情变得糟糕，
只有冷静下来才能找到解决办法。

—— 阳明先生在这一段话讲到了情绪对心的影响。

来书云："尝试于心，喜、怒、忧、惧之感发也，虽动气之极，而吾心良知一觉，即怡然消阻，或遏于初，或制于中，或悔于后。然则良知常若居优闲无事之地而为之主，于喜、怒、忧、惧若不与焉者，何欤？"

知此，则知"未发之中""寂然不动"之体，而有发而中节之和、感而遂通之妙矣。然谓"良知常若居于优闲无事之地"，语尚有病。盖良知虽不滞于喜、怒、忧、惧，而喜、怒、忧、惧亦不外于良知也。

—— 【译文】

你来信说："我在心里尝试修良知，就会有喜怒忧惧等感情在，就算特别生气，我的良知也会察觉，随即就能渐渐消除，有时一开始就抑制住，有时在中途抑制住，有时在事后会悔悟。但是我的良知在悠闲无事的地方主宰，这样说来，与喜、怒、忧、惧这些感情好像没有什么关系了，为什么会这样呢？"

你明白了良知，也就明白了"未发之中"，也就明白了"寂然不动"，也就有了中节之和、感而遂通。然而你说良知好像处于悠闲的地方，这话是有问题的。良知虽然不会只滞留在喜、怒、忧、惧上，但喜、怒、忧、惧也不在良知之外。

儒家思想并不是没有情绪，而是探究情绪从哪里来的。

"喜、怒、忧、惧"是《中庸》里讲的人类四大情绪。当我们产生情绪的时候，良知是存在的，情绪分为两种：

第一种是良知创造的情绪。良知并不是不带情绪，而是这种情绪是良知在主宰。比如，见到小孩、可怜的人会心生怜悯，这是情绪；看到一些事情感到愤怒，这是情绪；看到父母受苦心里心疼，这也是情绪。

第二种是人欲创造的情绪。这种情绪是人心和本心混合产生的，表现出来的是人欲在主宰。所以，两种时候良知心都存在，只不过有的时候表现出来的是良知主宰了情绪，有的时候是人欲主宰了情绪。

产生情绪让我们不高兴了、生气了，在没有产生情绪之前我们是一种客观存在的状态，这种状态叫"中"，也是"中庸"的"中"。"未发之中"在《中庸》里形容一种人性的存在，在阳明心学里就是本心、良知心、照心，是寂然不动的，能照见客观规律。

"中节之和"源于《中庸》里的"发而皆中节，谓之和"。"中"成为主宰，也就是良知主宰了情绪，发出来的情绪就是符合规律的。悲伤就是悲伤，快乐就是快乐，但不过分，不至于做坏事，不至于破坏人际关系。这种时候，情绪是存在的，但心是不动的。

良知心发出的情绪是有节制的、有度的，不管是高兴还是不高兴，与世界的感知没有断，我们一边有情绪，一边感知客观世界；人欲发出的情绪是无节制的、无度的，就不能感悟世界，与世界的感知就断了，断了以后就没有了智慧，感悟到的东西就不符合客观大道。

就像夫妻吵架，吵得越厉害，负面情绪就越大，对这个世界的感知就越弱。

对世界保持时刻感悟非常重要，与世界的联系不断，我们看世界才能看得客观而深刻。

这一段话就是提示我们，要警惕人欲带来的情绪，当我们的负面情绪被人欲主宰的时候，一定会断了对世界的感知，就会失去智慧。

【案例1】

比如，很多人想创业就是为了挣钱，如果执着地钻到钱眼里面，就看不见挣钱的意义了。

那么，什么是挣钱的价值呢？

它应该符合人们需要的趋势。我们把自己的天分投入这个趋势，最后为很多人创造了价值，这个事情就干成了。为别人创造的价值越大，就越是有人要加入，人多了项目自然就火了，火了自然就挣钱了。但是创业者只想着自己挣钱，不给别人创造价值，别人凭什么让你吃独食呢？

【案例2】

学员问："怎么跟一个堕落、不自律、嘴巴甜但没有行动的女婿相处？"

答：你执着在了你对女婿的情绪里，就看不见你和女婿之间的关系了。

首先，来说你存在的两个问题：

第一，你管得太多了，女婿是跟女儿过日子，和丈母娘是没有关系的。"熟不逾矩"，丈母娘再熟也不要逾矩，女婿再不好，也是女儿来做选择。

第二，你说话太毒。女婿是做了什么事情？哪儿就不好了？每个人身上都有缺点，但不能把别人的缺点说得太毒，我们语言上要自律。

其次，我们说这件事的内在逻辑：

第一，你的女儿已经结婚了，那么你不是单独在跟女儿或者女婿相处，而是在和女儿、女婿为一体的家庭相处，如果你带着人欲看这件事情就看不明白，你们是两个个体。

第二，女婿怎么样都是他们之间的事情，要不要过下去也是他们自己的事，你对你女儿只有建议权，没有决定权。

最后，没事总挑剔别人的错误就是自找麻烦。你越是执着于对女婿的看法，就越对他有偏见，也就越找不到自己的定位，越厘不清你们之间的关系。

你要知道，与他们相处，无论你高兴或者不高兴，都不是你女儿、女婿该负责的。

你的好心情是靠自己创造的，修养好自己的本心，才能从容看待任何事、任何人。

1-28

什么样的家庭才能幸福

家庭成员有共同的目标，
所做的事情不是为自己好，而是为家庭好。

—— 关于系统观阳明先生有这样一段话：

朱本思问："人有虚灵方有良知，若草木瓦石之类，亦有良知否？"

先生曰："人的良知，就是草木瓦石的良知。若草木瓦石无人的良知，不可以为草木瓦石矣。岂惟草木瓦石为然，天地无人的良知亦不可为天地矣。盖天地万物与人原是一体，其发窍之最精处，是人心一点灵明。风雨露雷、日月星辰、禽兽草木、山川土石，与人原只一体。故五谷禽兽之类皆可以养人，药石之类皆可以疗疾。只为同此一气，故能相通耳。"

—— 【译文】

朱本思问先生："人的心达到虚灵的境界才会有良知，那像花草树木瓦石之类的事物也有良知吗？"

先生说："人的良知就是花草树木瓦石的良知。如果草木瓦石没有人的良知，那就不是草木瓦石，只有草木瓦石是这样吗？天地没有人的良知也不是天和地了。天地万物和人原本就是一体，其中最精妙的地方就在人心的一点灵明。风雨露雷、日月星辰、禽兽草木、山川土石，与人原本也是一体。

所以，五谷禽兽可以养人，药石草木可以治病，只因为万物的气相同，所以都是相通的。"

这段是说从系统的角度和从个人的角度来看世界。

圣人是从系统的角度看微妙的东西，而普通人是从个人的角度看世界。

万物的概念不是我以外的就是万物，而是"我"也是万物之一。良知心就是万物，万物就是良知心。

站在自己的角度看外界和从系统观看自己，是两种认知和境界，由此会得出两种结论、两种选择，从而影响人生的走向。

当我们以自我为中心看待世界，就是苦难的开始；当我们从个人的角度看世界转变成了从系统看世界，那很多事情就迎刃而解了。

【案例1】

以家庭为例来说，你是想让家庭好，还是想家庭的存在是让自己好？

如果以我为出发点，家庭里的每个成员都想为自己好，那每个人的人欲不一样，难免会伤害对方，家庭关系就处不好。

如果我们不关心我好不好，只关心家庭这个系统好不好，为了这个系统好我必须受一些委屈，那我就去受委屈；为了这个系统好我必须受一点苦，那我就去受苦，这样家庭成员的目标才能达成一致。

比如，家庭要好，夫妻就都须要努力工作、努力赚钱，好不容易休假，还需要打扫卫生。累吗？苦吗？站在我的角度，那肯定是又累又苦；可是站在家庭的角度，经济好、房间干净，这些事情都会让家庭快乐。

【案例2】

以婆媳关系为例，婆媳关系的实质是什么？

我们剖析开来看。妻子、丈夫和孩子应该是一个组合体，丈夫的原生家庭应该是另一个组合体，婆媳关系实际就是这两个组合体在大家庭系统里的相处。妻子和婆婆是这两个组合体的代表，各自代表两个组合体在相处，好比一个大集团公司的两个子公司的领导人在相处。

丈夫要摆正位置，明确自己是属于妻子孩子的组合体，所以有任何问题就需要在体制内解决，大家形成共识后，再去跟原生家庭的组织合体处，也就是在组合体内决策后再一致对外。

从系统的角度来看，媳妇就应该把婆婆当作"我妈"，处处以"我妈"来对待，这样就会减少矛盾。

1-29

为什么有些人会"聪明反被聪明误"

因为他们在用经验解决问题，
而不是根据情况灵活处理。

—— 这里就要说到良知心的重要性了。

惟乾问："知如何是心之本体？"

先生曰："知是理之灵处。就其主宰处说便谓之心，就其禀赋处说便谓之性。孩提之童，无不知爱其亲，无不知敬其兄，只是这个灵能不为私欲遮隔，充拓得尽，便完全是他本体，便与天地合德。自圣人以下，不能无蔽，故须格物以致其知。"

—— 【译文】

惟乾问："知为什么是心的本体呢？"

先生说："知是天理灵动光明的呈现，它的主宰是心，它的禀赋是本性。儿童没有不知道热爱父母、尊敬兄长的，只要这个本性不被私欲阻隔，就能充分发挥，这就是完全心的本体，也就是天地万物。除了圣人以外，普通人的本心都会被私欲蒙蔽，必须通过格物来保持知的状态。"

这一段话教我们怎么正确认识良知心。

"知"一般有两个意思：一是动词，意思是"知道"；二是形容词，是良知心存在的状态。这里的"知"不是动词，而是形容词，也就是存在的状态。

良知心存在的状态是指，心没有人欲的时候是本心，是天理，会呈现出灵动光明的本性。

我们还是儿童的时候，就没有人欲遮挡，活在天理中，自然懂得热爱父母、尊敬兄长。当我们渐渐长大，渐渐有了人欲，人欲遮蔽了本心，就很难表现出本性。

"合二为一"是指本心就是天理，所以本心与天地万物是合二为一，不分彼此的。

佛教里说"分别心"，就是"我"和"我"之外的事物，这也是人类社会最大的分别。我们无法让外物来适应自己，就只能修自己。当修到"我"与外物没有分别的时候，就是本性和天理融为一体，也就是达到了良知心的状态。

"良知心"是《传习录》的精髓，有几点我们须要分辨清楚：

1.良知心所体现出来的状态是无所不知、穷尽天理，但不是像电脑硬盘一样可以存储知识，而是像明亮的镜子一样，可以照见万事万物的未来面目。

2.良知心的存在，本身就是一种客观规律。

3.要正确理解"良知心"里面的"知"字。

很多人无法理解"知"，是因为把它当作一个动词，以为是"知道"的意思，或者是把它当作一个名词，以为是"知识"的意思，但实际上它是一个形容词，是良知心的一种存在状态。

清晰了这几点，我们才能真正明白良知心的含义。

【案例1】

什么叫作"聪明反被聪明误"？

生活里存在一种自以为很聪明的人，他们总是按照自己的逻辑理解，主观意识特别强。

他们用过去的理论、过去的观点、过去的技术、过去的策略，来解决当下的问题。人欲多的人会以人欲为中心，创造出很多道理，再用这些道理推演出更多的道理。知道再知道，越推越远，所以很容易聪明反被聪明误。

我们不该做一个自以为聪明的人，而应该做一个有良知心的人，用良知心去感悟事物的规律。每个人都有悟性，人欲高的人悟性低，人欲低的人悟性高。悟性越高的人越客观，然后用当下感知的规律去解决问题。

【案例2】

知道你最大的弱点是什么吗？是你的人欲。

人欲是我们痛苦的根源，更是容易被别人操控的把柄。我们一旦有了人欲，也就有了需求，有了偏好，别人投其所好，对准我们的欲望来攻克我们，让我们迷迷糊糊地就入了他的道。

比如，你想挣钱，别人就说个大项目让你投资；你喜欢占便宜，别人就用中奖来诈骗你；你喜欢听好听的，别人就用甜言蜜语骗财、骗色。

所以，我们没有人欲才没有弱点，才不会被人欲支配和控制。真正的良知心状态，是没有弱点的，是无所挂碍，是感悟什么就去做什么，一切唯道是从。

1-30

"跟着心走"这种说法对不对

如果我们跟着自己的欲望走，
那这颗心就飘忽不定了。

——关于良知心是最好的老师，有这么一段对话：

一友问："功夫欲得此知时时接续，一切应感处反觉照管不及；若去事上周旋，又觉不见了。如何则可？"

先生曰："此只认良知未真，尚有内外之间。我这里功夫不由人急心，认得良知头脑是当，去朴实用功，自会透彻。到此便是内外两忘，又何心事不合一？"

又曰："功夫不是透得这个真机，如何得他充实光辉？若能透得时，不由你聪明知解接得来，须胸中渣渣浑化，不使有毫发沾滞始得。"

先生曰："'天命之谓性'，命即是性。'率性之谓道'，性即是道。'修道之谓教'，道即是教。"

问："如何道即是教？"

曰："道即是良知。良知原是完完全全，是的还他是，非的还他非，是非只依着他，更无有不是处。这良知还是你的明师。"

── 【译文】

一个朋友问:"我想下功夫让良知循环不断,但在做事时感觉用不到;如果把注意力放在事情上,又感觉不到良知。该怎么办才好?"

先生说:"这只是因为没有认识明白良知,还有内外的区别。致良知的功夫急不得的,致良知的关键,是实实在在下功夫,自然会透彻明白。这种时候就会忘记内外的区别,又怎么会心和事不合呢?"

先生又说:"下功夫如果不能弄明白关键点,那怎么能使本心恢复光明呢?如果想要透彻明白,不是靠你的聪明和学习就能得到,必须把自己的人欲去除干净,本心没有丝毫的人欲才能做到。"

先生说:"'天命之谓性'中的'命'就是性,'率性之谓道'中的'性'就是道,'修道之谓教'中的'道'就是教。"

有人问:"为什么道就是教?"

先生说:"道就是良知,良知原本是完完全全的,是的就是是,非的就是非,是非都以良知来判定,就不会产生差错,良知就是最高明的老师。"

这一段话是讲,良知心是最好的老师。

人类社会很多智慧,无论来自道教还是佛教,都是相通的,最终都是良知心。

人性的本性叫良知,是天理,也是通性。现在大家所说的人性不是天理,掺杂了人欲,人欲有千万个,人欲的混杂组合成了每个人不同的人性。

我用良知心感悟这件事,是在使用良知心,但我们在做事的时候,虽然没有明显感觉到在使用良知心,但良知心还是存在的。比如,我们在骑自行车时,良知心也是存在的,掌握平衡,要摔倒的时候就会放下脚,这些都是良知心告诉我们的。也就是说,不管能不能感觉到良知心在发挥作用,良知心都在。良知心会告诉我们怎样才会符合客观规律把事情做成功。

用良知心骑自行车就会适应怎么骑自行车,但如果我们带有害怕的人欲，就会不敢骑自行车，学习进度就会很慢。只有克服了人欲之后，良知心才会帮我们把自行车骑好。

第一颗心是本心，不用思虑就会启用良知心的功能。

这颗心的存在，就是客观规律，就是道，什么是对的就是对的，什么是错的就是错的，良知心一清二楚，是非对错都可以用良知心来判断。

孔子不是最高明的老师，王阳明也不是最高明的老师。无论是跟吴老师学习，还是跟王老师学习，还是跟李老师学习，学习的目的都是存养自己的良知心，所以良知心才是最高明的老师。

我们存养好良知心才能去感悟时代的规律。孔子带着良知心去感悟他当时的时代，当时是夏、商、周，于是创造出了儒家思想，创造出了忠、孝、仁、义，写出了"四书五经"。

现在的规律就不一样了，那时候的道理现在就运用不了了。但是我们修成了良知，自然也能感悟符合现在的规律。

当我们用良知心来感悟，就会发现有一部分和孔子的感悟一样，还有一部分会和孔子的感悟不一样，比如那时候是男耕女织，男人是一家之主，对男人的解读多，对女人的解读少。现在就不一样了，男女平等，甚至女人比男人更有能力，就必须解读女人，这就是符合时代性。

我们学习的是孔子的思想和方法，而不是他在那个时代的观点。

良知心会帮我们感悟出，不同的道路上要做什么，人生标准是什么，策略是什么。

喜欢国学的人最喜欢讨论国学观点，阳明先生说，讨论也可以，但是每次讨论以后都要存养自己的良知。因为我们讨论完以后，终究需要理论关系实际去解决问题，解决企业内部矛盾，解决未来发展方向，解决家庭关系，解决亲子教育。

"求人不如求己"，这个自己不是充满人欲的自己，而是良知心的自己。良知心就是最好的老师，给我们智慧，给我们对事物的认知，这也是阳明先生讲良知心的经典。

总结来说，就是两点：
1.不要以为良知心不在，它在陪着我们处理事情。
2.良知就是道，能帮助我们分辨是非，所以良知心是最好的老师。

【案例1】

学员问："'跟着心走'这种说法对不对？"

答：跟着哪颗心走？跟着得失心走？跟着对错心走？还是跟着贪婪心走？

跟着得失心走就会胆小害怕，跟着对错心走就会跟人吵架，跟着贪婪心走就会欲望膨胀犯错……人的本心外面包裹了太多的人欲，如果不修良知，那就是跟着欲望心走，欲望千千万万，不同时期欲望不一样，这颗心就是飘忽不定的。

所以，很多年轻人说，跟着心走，跟着感觉走，都是不靠谱的。我们应该做的还是修良知心，跟着良知心来认知世界。

【案例2】

学员问："我之前团购了一个19.9元的洗牙服务，前面预约过两次，因为懒一直没去，现在时间快到了，想约个时间。顾问说只有周二有空，但那天我恰好有事去不了，顾问也不肯为我调节时间，最后我只有放弃了，我怎么那么倒霉？"

答：这里你有很明显的人欲，那就是：我花钱了，我就应该得到我期望的。这是对错心，我得到了期望的，是对的；我得不到期望的，是错的。

如果我们去掉对错心，用良知心来看这个事情，就会发现一个事实：我们花钱是购买了某一个产品或者某一个服务，而不是所有期望都该被满足。所以，购买了洗牙服务，机构会给你洗牙，但不代表会在任何时间给你洗牙。

在生活里，很多人都有这个人欲：我花钱了，就该给我知识；我花钱了，就该给我服务；我花钱了，我就可以随意更改时间；我花钱了，就该对我态度非常好……如果这些期望没有达成就会投诉。但往往，我们期望的比我们花费的价值更高。

回到洗牙这个事情上。其实很简单，这么便宜的价格肯定人多，那我们该排队就排队。而且，消费过程肯定有二销，毕竟人家成本都不够，那我们多听点信息也不掉一块肉，我们只要能洗到牙就好了。

也可以从本分和情分上来看，我们花了19.9元，期望别人的本分是洗牙+按照我的时间+服务态度很好，这要求明显就远远超过了价格。如果我们只当作买了洗牙一件事，其他都是别人给我们的情分，那我们一定会觉得自己赚大发了，也就不会觉得自己倒霉了。

可见，如果你没有发现自己的人欲，生活里就是各种折腾；如果你找到了人欲，去除掉了人欲，回归了良知心，就能发现人间处处都是情分。

1-31

有人要借钱,借吗
只考虑两件事:
他有没有能力还? 他愿不愿意还?

—— 阳明先生说,良知能看懂昼夜,就能看懂任何规律。

问"通乎昼夜之道而知"。

先生曰:"良知原是知昼知夜的。"

又问:"人睡熟时,良知亦不知了。"

曰:"不知,何以一叫便应?"

曰:"良知常知,如何有睡熟时?"

曰:"向晦宴息,此亦造化常理。夜来天地混沌,形色俱泯,人亦耳目无所睹闻,众窍俱翕,此即良知收敛凝一时。天地既开,庶物露生,人亦耳目有所睹闻,众窍俱辟,此即良知妙用发生时。可见人心与天地一体,故'上下与天地同流'。今人不会宴息,夜来不是昏睡,即是妄思魔寐。"

曰:"睡时功夫如何用?"

先生曰:"知昼即知夜矣。日间良知是顺应无滞的,夜间良知即是收敛凝一的,有梦即先兆。"

又曰:"良知在'夜气'发的方是本体,以其无物欲之杂也。学者要使事物纷扰之时,常如夜气一般,就是'通乎昼夜之道而知'。"

先生曰："仙家说到虚，圣人岂能虚上加得一毫实？佛氏说到无，圣人岂能无上加得一毫有？但仙家说虚，从养生上来；佛氏说无，从出离生死苦海上来，却于本体上加却这些子意思在，便不是他虚无的本色了，便于本体有障碍。圣人只是还他良知的本色，更不着些子意在。良知之虚便是天之太虚，良知之无便是太虚之无形。日、月、风、雷、山、川、民、物，凡有貌象形色，皆在太虚无形中发用流行，未尝作得天的障碍。圣人只是顺其良知之发用，天地万物俱在我良知的发用流行中，何尝又有一物超于良知之外能作得障碍？"

—— 【译文】

有人问《易传》中"通乎昼夜之道而知"的意思。

先生说："良知本来就知道白天和黑夜变化的客观规律。"

又问："那人睡着的时候，良知就不知道了吗？"

先生说："如果不知道，那怎么会别人一叫你就答应呢？"

又问："良知如果一直都存在，那怎么会睡熟呢？"

先生说："晚上睡觉，是天造万物的常理。夜晚来临，天地看不清楚，万物的形状颜色都看不清楚了，人的眼睛看不清楚了，耳朵听不见了，所有的感官都收敛了，这时候良知心也收敛了。到了白天，万物显现出来，人的眼睛能看见了，耳朵能听到了，所有感官开始活跃，这些都是良知发出的自然反应。由此可见，人这颗本心和天地万物是一体的，所以'上下与天地同流'。现在的人不会休息，晚上不是昏睡就是胡思乱想。"

又问："睡觉的时候怎么下功夫呢？"

先生说："白天怎么下功夫就知道夜晚怎么下功夫，白天良知是通顺流畅的，晚上良知就是收敛的，做的梦就是先兆。"

先生又说："'夜气'里的良知是良知的本体，这种时候的良知不会夹杂人欲。学者要么被事物纠缠干扰，要么在'夜气'的状态下，通知昼夜的规律。"

先生说："道家总说'虚'，圣人能不能在'虚'上加一点'实'呢？佛教总说'无'，圣人能不能在'无'上加一点'有'呢？但是道家说的'虚'是从养生的角度来说的，佛教说的'无'是从人脱离生死苦海的角度来说的。道、佛两家如果在本体上增加了，就不是'虚'和'无'的本意了，那就不是真正的本体。圣人只是恢复了良知的本性，没有增加任何其他东西。良知的虚就是天地之间的太虚，良知的无就是太虚的无形。日、月、风、雷、山、川、民、物，凡是有相貌、形状、颜色的东西，都是在'太虚'的运动里自然发展出来的，从来不能成为天地的障碍。圣人只是顺着良知发挥作用，天地万物都在我们的良知里，怎么会有事物是超出良知而成为障碍呢？"

这一段话是新的概念，关于良知的昼夜规律。

"夜气"指修行的人在晚上静坐，完全没有人欲时所呈现的寂静、空灵的精神状态，佛教里也叫禅定。

我们找人欲—去掉人欲—静坐，这样循环反复，就会达到一种安静的状态，就是夜气，这时的心就是良知心。

通过前面的解说，我们已经知道良知心具有探知的功能，也就是我们把良知心放在哪里就会感悟哪里。比如，我看三十米处的窗户，窗户里面有一个人，那我的心就在那个人身上；我听到几里外的炮声，那我的心就在几里外存在。

除此之外，良知心还有昼夜规律。白天良知心存在，晚上睡觉的时候良知心也存在。

对世界的感知和对世界的思维判读是两件事，晚上虽然我们在熟睡，但是对世界的感知还存在，有人叫我们会醒，有人推我们会醒，有强光刺激到眼睛也会醒，这就是良知的存在。

之所以熟睡，是我们的思维停止了，逻辑思考能力停止了，但是我们良知心的感知还在。

白天感官活跃，晚上感知收敛，是我们良知心的自然反应，也就是良能，由此可见，人与天地万物都是一体的。

很多人感知良知心是以我感悟我的良知心，实际我们与天地万物是一体的，不是自己围绕自己看良知心，而是站在系统的角度看良知心，这是两种认知。

我们失眠是因为脑子里在胡思乱想，思维很活跃就导致良知很活跃，这不符合夜晚天地万物的规律。

无论是白天还是夜晚，都用良知心去感应，该活跃的时候活跃，该收敛的时候收敛，这就是白天、夜晚之道，这就是良知做的决定。

睡着以后有时候会做梦，人欲做的梦可能是噩梦，也可能是美梦，良知心做的梦就是先兆。

眼睛、鼻子、嘴巴、耳朵能探知到世界叫实，探知不到但存在的叫虚，比如紫外线、电磁波等。佛教里说"色即是空，空即是色"，能看到的叫色、叫有，看不到的叫空、叫无，是一样的意思。

这段可以总结成两句话：我们能感悟到白天和晚上客观规律的变化，就能感悟到任何客观规律。晚上睡觉的良知心和修行人的"夜气"是一样的状态。

【案例1】

学员问："人欲和人性有关系吗？"

答：你说的人性和阳明先生说的人性不一样。

阳明先生说的人性是老天创造人的时候赋予人的通性，这种通性就是良知。睡觉时候的良知,和晚上打坐的夜气都是这个良知。

你说的人性是人欲,人欲有千万种,组合起来形成了属于自己的人性。就像是配方奶粉,配方不一样,组合出来就是不同品牌的不同系列奶粉。人欲的配方不一样,组合显现的人欲就不一样,展现出来的人性就不一样。

如果把所有的人欲都去掉,那就剩下了通性,也就是良知心了,每个人的良知心就都一样了。

【案例2】

有人找你借钱时,你应该考虑的是什么?

1.他有没有能力还钱?

2.他愿不愿意还钱?

如果按照这个思路去做出判断,那一切都会很简单了。但生活中很多人总会在这件事上纠结犹豫,就是因为被人欲牵绊,分不清楚事道和人道。

借钱这件事明明是要看事道上的实质,你非得去考虑人情,被朋友、亲戚之间的感情所道德绑架。别人假装真诚,你就彻底相信了,最后不仅自己被欺骗,还伤害了这段关系。

而有良知心的人会先去看事道上的得弊,也就是我一开始说的那两个问题:他有没有能力还钱,他愿不愿意还钱。

考虑完事道,再去考虑人道,就是你和他的关系。如果是关系很好的亲戚找我们借钱,我知道你遇到了困难,将来也很难把钱还给我,但我们这份感情在这里,我愿意借给你,你什么时候还,甚至不还,都不会影响我们之间的感情。

这种情况你借出去了，就要保持理性，不要再期待他还，更不要用他不还来指责什么了。

这就跟我们打坐睡觉是一个道理，胡思乱想就会一团乱麻，只有放下白天的活跃，放下心里的人欲，才能回归到良知心状态，看清事情的本质。

1-32

什么样的人会去算命

心里有恐惧的人。
害怕和对象没有结果，害怕未来不够好，
害怕失去现有的，害怕无法得到更多的……

—— 那么圣人是否能预知自己的未来呢？阳明先生这样说：

或问"至诚""前知"。

先生曰："诚是实理，只是一个良知。实理之妙用流行就是神，其萌动处就是几，'诚、神、几曰圣人'。圣人不贵前知，祸福之来，虽圣人有所不免。圣人只是知几，遇变而通耳。良知无前后，只知得见在的几，便是一了百了。若有个'前知'的心，就是私心，就有趋避利害的意。邵子必于前知，终是利害心未尽处。"

—— 【译文】

有人向先生请教"至诚"和"前知"的道理。

先生说："当你诚心认知某件事的时候，良知心就会告诉你客观规律。至诚地感悟世界的时候就会产生神妙的作用，萌发这样初心的人叫诚、神、几，也就是圣人。圣人不会注重预知未来是祸还是福，虽然是圣人也很难避免。圣人只是知道客观规律，遇到事情能够随机应变。良知没有前后，只是知道当下的规律，就能解决问题。如果想要'预知'，就是私欲，就是想趋吉避凶。邵雍想要预知未来，就是因为他不能完全消除私欲。"

其实，我们对圣人有很多误解。

"至诚"，对一件事情达到极致的真诚。"前知"，预知，提前知道。"几"，在《易经》里有两个解释：第一个意思是指有细微的迹象，事情的苗头或预兆；第二个意思是事物发展的内部规律。

圣人不是无所不知、无所不能的，即便是圣人，也难免会遇上倒霉的事。只能说，我们要在富贵中做富贵的事，在患难中做患难的事，这样才是按规律办事。

圣人既能经历喜怒哀乐，也能经历苦难；既能在快乐里随机应变，又能在痛苦里随机应变，正因为如此才成了圣人。

有些人认为圣人可以预知未来，但其实一旦我们产生了想预知未来的心，也就产生了私欲，私欲会让我们做出错误的认知和判断。

这里我们需要解读出两个意思：

1.我们对过去的解读和对未来的预判，都会带着主观认知，良知只能告诉我们当下的道理。

2.和自己的良知在一起，就是和当下在一起。

所以，我们没有必要对过去思虑，过去发生的已经发生了；也没有必要对未来忧虑，该来的总会来。我们只需要在当下这一刻，处理好自己的事业，照顾好自己的身体，活出自己的生命状态。

【案例1】

我们以算命来举例。算命的人大都是心怀恐惧的人。

比如，你算和女朋友能不能结婚，是害怕你们走不到最后；

你算自己的财运，是害怕过没钱的日子；你算事业，是害怕事业没有起色，甚至一败涂地。

智慧的人不会去算命，而是经营好每一个当下。想哄妻子开心，就想出让她开心的方法；妻子生气了，就想出让她解气的方法；妻子愤怒了，也有让她息怒的方法，都是用良知心感悟出来的救急的方法。两个人在每一个当下都能快乐和幸福，那结果自然也会是好的。

智慧的人没有趋利避害的私心，他知道人生的客观规律就是喜忧参半，该你享福的时候你就享福，该你倒霉的时候你就倒霉，"天道至教"也是一种修行，我们能做的只有把握当下的客观规律，然后随机应变。这也就是所谓的"素富贵，行乎富贵；素患难，行乎患难"。

【案例2】

你知道穷人和富人最大的差别是什么吗？

穷人之所以穷，是因为他们拥有的是条件思维；富人之所以富，是因为他们掌握着目标思维。

条件思维在儒家思想中叫作先格物再诚意，也就是在成事之前，要把功课都研究明白，把条件都准备好，把所有的路都铺好，再按照拥有的资源来制定目标。但这样的思维有一个弊端，就是我们会长时间停留在空想的阶段，总是觉得还有困难，所以瞻前顾后。这就像不去品尝一道菜就永远不会知道它是什么味道一样，你不去做那就永远不会知道路该怎么走。

而目标思维，是先诚意再格物，就是不用考虑那么多，只考虑自己定下的这个目标，不管前面是什么困难，兵来将挡，水来土掩，就算是荆棘也要披甲上阵。这也是阳明先生说的"事上练"，通过实践不断地检验自己的思路和方法是不是正确的，每一次困难都是改进的机会。

不难发现，这个社会上真正能有所成就的，都是这样摸着石头过河的人，而那些一直停在河边修船的人只会被掀翻在浪涛之下。

1-33

怎么判断结婚对象人品好不好

你要知道什么叫人品好,
才能找到人品好的人。

—— 阳明先生说,我们修好良知,自然就能感悟到德行。

来书又有云:"人情机诈百出,御之以不疑,往往为所欺,觉则自入于逆、臆。夫逆诈,即诈也;臆不信,即非信也;为人欺,又非觉也。不逆不臆而常先觉,其惟良知莹彻乎?然而出入毫忽之间,背觉合诈者多矣。"

不逆不臆而先觉,此孔子因当时人专以逆诈、臆不信为心,而自陷于诈与不信;又有不逆、不臆者,然不知致良知之功,而往往又为人所欺诈,故有是言。非教人以是存心,而专欲先觉人之诈与不信也。以是存心,即是后世猜忌险薄者之事。而只此一念,已不可与入尧、舜之道矣。不逆、不臆而为人所欺者,尚亦不先为善,但不如能致其良知,而自然先觉者之尤为贤耳。崇一谓"其惟良知莹彻"者,盖已得其旨矣,然亦颖悟所及,恐未实际也。

盖良知之在人心,亘万古、塞宇宙而不同。"不虑而知","恒易以知险","不学而能","恒简以知阻","先天而天不违。天且不违,而况于人乎?况于鬼神乎?"夫谓"背觉合诈"者,是虽不逆人,而或未能自欺也;虽不臆人,而或未能果自信也。是或常有先觉之心,而未能常自觉也。

常有求先觉之心，即已流于逆、臆，而足以自蔽其良知矣。此背觉合诈之所以未免也。

君子学以为己，未尝虞人之欺己也，恒不自欺其良知而已；未尝虑人之不信己也，恒自信其良知而已；未尝求先觉人之诈与不信也，恒务自觉其良知而已。是故不欺则良知无所伪而诚，"诚则明"矣；自信则良知无所惑而明，"明则诚"矣。明、诚相生，是故良知常觉、常照。常觉、常照则如明镜之悬，而物之来者自不能遁其妍媸矣。何者？不欺而诚，则无所容其欺，苟有欺焉而觉矣；自信而明，则无所容其不信，苟不信焉而觉矣。是谓"易以知险，简以知阻"，子思所谓"至诚如神，可以前知"者也。然子思谓"如神"，谓"可以前知"，犹二而言之，是盖推言思诚者之功效，是犹为不能先觉者说也。若就至诚而言，则至诚之妙用即谓之"神"，不必言"如神"；至诚则无知而无不知，不必言"可以前知"矣。

【译文】

你来信说："人与人之间都是奸诈多变的，如果不有所怀疑地诚心待人，往往会被人欺骗。但如果想要发现别人的欺诈又会让自己先怀疑别人。怀疑别人欺骗也就是自己欺诈，怀疑别人不诚信也就是自己不诚信，被人欺骗了又不是觉悟了。要想做到不欺诈、讲诚信、有觉悟，只有光明纯洁的良知才能做到。但是欺诈和诚信的差别很小，无法察觉而被欺骗的人就太多了。"

不事先怀疑别人的欺诈还能先知先觉，这是孔子针对当时的情况说的。那个时代很多人都抱着防止别人欺诈自己的心，结果自己也陷入骗人的境地。还有一些坚持不欺诈别人也不随意揣测别人的人，但是他们不知道致良知的功夫，经常被人欺诈，因此孔子才说，不要总是去怀疑别人欺诈和不诚信，而要去做致良知的功夫，也就是存养智慧。当你有了智慧，也就自然能觉察到别人的不诚信，那别人也就没办法欺诈你了。你所说的唯有良知莹澈之人，应该是已经明白大概的意思了。但这恐怕也只是你通过聪明悟出来的，在实际生活中还没有落实。

人心中的良知从古至今没有什么不同，所以古人说"不虚而知""恒易以知险""不学而能""恒简以知阻""先天而天不违，天且不违，而况人乎？况于鬼神乎？"而那些不能觉悟而被欺诈的人，虽然不会猜测别人欺诈自己，却做不到不自欺；虽然不去猜测别人是否诚信，但是自己做不到真的诚信。他也许希望自己能先察觉，却无法自我觉醒。想要有先觉悟的心，也就陷入事先揣度别人欺诈和不诚信里了，这就足以蒙蔽他们的良知，这也是这样的人难免不能觉悟而被欺诈的原因。

君子学习是为了感知天理，不会去担忧别人欺诈自己，只是做到相信自己的良知而已；从不担心别人不信任自己，只是做到自己相信自己的良知而已；从不会追求能察觉到别人的欺诈和不诚信，而是时刻去觉察自己的良知而已。因此才能做到不欺，诚于自己的良知，这样良知就能光明普照。君子自信，良知不受疑惑所以光明普照，这样良知也就能虔诚了。光明和虔诚相生，因此良知能够常觉常照；常觉常照，就像明镜一样，所照射的事物无论是美丽的还是丑陋的都无法隐藏。为什么会这样呢？因为良知本身就是不欺诈而诚信的，那么也就不会容忍别人的欺诈，一旦遇到别人的欺诈，自然能察觉到。良知自信清澈，也就无法容忍别人的不诚信，遇到不诚信也能立刻察觉到。这也就是所谓的"易以知险""简以知阻"，和子思所说的"至诚如神""可以前知"差不多。但是子思所说的"如神"，可以前知，还是分为两件事来说的。因为他是从思诚的功效上来说，也还是说给那些没有悟道无法先察觉的人来听的。如果针对至诚这种境界来说，至诚就是神，不必说如神。至诚没有无知或者无不知，更不用说可前知了。

这一大段话可以总结成两点：

第一，这个世界人与人之间充满着狡诈多变，很多人都是狡猾的，可能原本很诚信地对待我们，过几天就骗了我们。

第二，如果我们每天都在提防别人，害怕别人欺诈自己，那我们也是在欺诈别人。比如，我们跟朋友在一起的时候满口都是"我信任你，你是我最好的朋友，你肯定不会骗我的"，但是内心里却怀疑对方不怀好意，总在提防着对方会不会欺骗自己，成了嘴上一套心里一套。

这样我们和任何人的关系都会从原先的亲密转变成疏离，为了害怕别人骗我们一次，我们甚至要防别人一生，而我们明明本意是害怕受到伤害，最后却因为害怕而让自己活在了防备和欺诈中。

可是这个世界上充满着狡诈多变，如果我们用毫不怀疑的态度对待所有人，那我们就容易受到伤害。该怎么做才能避免这种情况呢？阳明先生说，最好的办法是修自己的良知心。

良知心有两个功能。

第一个功能，良知就是人品，你有了良知，那你自然就会追求诚信，当不诚信的人和事出现时，你立刻就会觉察到并远离他。

这就像是生活中有洁癖的人，他会保证自己的房间永远都是干干净净的，所以当他去脏乱无序的房间里，他就会自然而然地反感。

良知就是一面干净无瑕的镜子，我们不需要刻意地思虑别人是否欺骗自己，别人的一切行为都在这面叫作良知的镜子里无所遁形。

第二个功能，良知能够帮我们看到客观规律。比如，有人想和我们一起合作做项目，良知心就能帮我们看到这个项目最终能不能挣到钱，保证我们不受欺骗。又如，别人找我们借钱，良知心能看到借钱这件事的本质，再决定借不借给他。

面对任何事，良知心都能看到其中的真谛，让我们不被感情和私欲蒙蔽，只看这件事到底能不能走得通。

【案例1】

学员问:"男女谈恋爱,到了要谈婚论嫁的程度,怎么判断要不要和对方结婚呢?"

答:我每次都会问两个问题:第一个:对方的德行好吗?如果对方的德行是好的,那我就问第二个:你是怎么看出他的德行是好的呢?

这个时候很多女人就会说:"因为我们在一起的时候,他对我很好。"要记住一点,如果你跟人谈恋爱的时候,你关注的是他怎么对你好,那你一定容易被骗,这说明你没有在追求德行,而在追求欲望的满足。

那该如何观察一个人的德行到底好不好?

不要听信对方的花言巧语,也不要观察对方追自己的时候对自己有多么好,只去观察这个人在生活中的为人处世,他跟朋友说话的语气,他跟父母说话的语气,他跟陌生人是怎么交往的。如果你看清了他为人处世的表现,而你又有一颗良知心,清楚什么样的人是有德行的,那你自然会看出来他的德行好不好,自然就不会和德行不好的人结婚。

【案例2】

我在上线下课的时候问过女同学们一个问题:丈夫的忠诚对你们来说是不是原则问题?很多人都说是。我说,那如果你们的闺蜜在外面有别的男人,你会不会和她断绝来往?大家都说当然不会了。我又问,那会不会帮着闺蜜去打掩护?大家也都说会。

我说："你看，其实你并不在乎你身边的人是否忠诚，你只在乎和你相关的人会不会忠诚于你，这就是你的人欲和私心。如果这样的话，那你很容易会碰到不忠诚的男人。"

那什么才是真正原则性的问题？是你看到任何人不忠诚都会选择远离，因为你的德行不允许自己和这样的人交往，这也是良知心为我们上的一道德行上的保险。

1-34

无欲则刚,对吗

很多人连欲望都找不到,
怎么谈得上无欲?

—— 阳明先生说善于思考才会越来越睿智。

来书云:"师云:'《系》言何思何虑,是言所思所虑只是天理,更无别思别虑耳,非谓无思无虑也。心之本体即是天理,有何可思虑得?学者用功,虽千思万虑,只是要复他本体,不走以私意去安排思索出来。若安排思索,便是自私用智矣。'学者之蔽,大率非沈空守寂,则安排思索,德辛壬之岁著前一病,近又著后一病。但思索亦是良知发用,其与私意安排者何所取别?恐认贼作子,惑而不知也。"

"思曰睿,睿作圣。""心之官则思,思则得之。"思其可少乎?沈空守寂,与安排思索,正是自私用智,其为丧失良知,一也。良知是天理之昭明灵觉处,故良知即是天理,思是良知之发用。若是良知发用之思,则所思莫非天理矣。良知发用之思,自然明白简易,良知亦自能知得。若是私意安排之思,自是纷纭劳扰,良知亦自会分别得。盖思之是非邪正,良知无有不自知者。所以认贼作子,正为致知之学不明,不知在良知上体认之耳。

── 【译文】

你来信说："老师说《易传》里的'何思何虑'，是说所有的思虑都只是天理，没有天理之外的思虑了，而不是完全没有思虑的意思。心的本体是天理，那有什么可思虑的呢？学者下功夫，虽然有千万的思虑，也只是恢复心的本体，而不是用私欲刻意安排出来的。如果是用私欲刻意安排的思考，那就是自作聪明了。学者的问题，大部分不是把自己弄得死守空寂的样子，就是在脑子里思考。我以前犯过这个毛病，近几年又犯了这个毛病。但是思考是良知的作用，这和用私欲去安排有什么区别？害怕自己认贼作子，被迷惑而不自知。"

"思日睿，睿作圣""心之官则思，思则得之"，怎么能不去思考呢？死守空寂和刻意思考都是自作聪明，都是没有了良知。良知是天理的昭明灵觉，是天理，思考是良知的作用。如果是用良知在思考，那所思考出来的也是天理。良知作用的思考，自然简易明白，良知也自然可以认得。如果是私欲刻意的思考，自然是各种纷扰，良知也自然能分辨出来。所以思考的是非好坏，良知是没有不知道的。所以会认贼作父，那也正是因为没有完全明白致良知，不知道从良知上去考察而已。

越思考才会越睿智，越睿智才会越成圣人。

这就是"思日睿，睿作圣"的意思。思虑有两种：一种是自己头脑带来的思虑，创造出来的程序是自己的程序；另一种是良知心带来的思虑，是天地万物的程序。就像是自己的计算机和超级计算机的区别。

头脑带来的思虑带有自己的人欲，我们总是用自己的思虑去对付客观规律，所以会被戏弄、被伤害，相当于没有联网；我们应该去适应客观规律，才能事事顺，相当于联了网。

我们不能用头脑的思虑来处理问题，要让脑子的思虑停下来，停下来以后再用良知心来思虑，也就是不要用自己的计算机，而是要用超级计算机。

有些学者好像把自己搞得很佛系的样子，这也是刻意，某种刻意的样子就是没有联网；还有的学者胡思乱想、自作聪明，也是没有联网。

把人欲看得太重，把人欲当成了祖宗，就是认贼作父，自然看问题就看不透彻了，所谓心贼难破，只有找到那个欲望才能破。

没有完善的良知就没有完善的思考，学习最大的功夫就是让我们的良知与世界联网，这样才能越思考越睿智。

【案例1】

学员问："无欲则刚，对吗？"

答："无欲则刚"这个词听起来是对的，实际不是。

欲望千千万万，欲望混合的独特配方组成了不同的人性，但是很多人连自己是什么欲望都不知道。

我们知道好色是欲望，贪吃是欲望，懒惰是欲望，但除了这些明摆着的欲望，还有很多隐藏的欲望：害怕被抛弃，害怕不被认可，害怕没有价值……甚至害怕自己有欲望，也是人欲。所以，很多看似无欲的人，实际都是有欲望的。

能找到心贼，就会有破解的方法，我们不要去追求无欲，而是要找到自己的心贼，然后破解它。

【案例2】

很多人身上有一种明显又不易察觉的人欲，那就是指责和挑剔别人。

当一个不好的结果产生时，我们会习惯性地指责别人，挑剔别人的缺点，并花尽力气证明是别人的不足导致事情的失败。这是因为我们想把锅推到别人身上，让别人为这个结果负责，期望别人能够付出更多、背负更多，这是向外求。而一个智慧的人在面对不好的结果时，第一反应是反省，这是向内求。这两种不同的做法会产生截然不同的结果。

比如，我上课时有人说听不懂，如果我说我讲的没问题，你听不懂是你智慧不够，结果会怎么样？我们俩肯定会吵起来，谁也不服谁，最后他该听不懂还是听不懂；那如果我说，你听不懂是我的错，可能是我讲得太深了，可能是我没讲清楚，我再给你详细讲一遍，那他可能也会觉得不好意思，反而会肯定我的讲课内容，反省自己的问题。而我再讲得更简单一些，他可能就听懂了，也有更多同学能听懂，这样才能解决问题。

所以，任何时候一定要多思考，不要被人欲所骗，从自己身上寻求解决的方法。

1-35

我们怎样才能事业有成

成功前要专心致志搞事业,
成功后要继续发扬优点。

—— 虽然阳明先生只是一句话,但蕴含着大道理:

"善念发而知之,而充之;恶念发而知之,而遏之。知与充与遏者,志也。天聪明也。圣人只有此,学者当存此。"

—— 【译文】

先生说:"心中产生善念的时候要知道,并且不断发展壮大;心中产生邪念的时候也要知道,并且遏制它。知道扩充善念、遏制恶念,就是心志。这是上天赋予人的聪明。圣人只是存养这个本心,学者也应该存养本心。"

从阳明先生这段话中我们可以解读出三点:

一、什么是善念? 什么是恶念?

善念是符合客观规律,按照客观规律做事,才能成事,才会有好的结果。恶念是不符合客观规律,没有结果,甚至造成的结果不好。

二、为什么要不断发展壮大善念?

如果一个人心里是善念，就是正能量，按照客观规律行事，那他做事就会成功、创造出好的结果。所以他要继续发展壮大善念，继续成事。

如果我们要做一个企业或者做一件事，在成功的时候就要总结，找到里面的客观规律，以后继续按这种规律做事，保持一个善的状态，从而一直创造好的结果。

如果我们在做得好的时候，没有去找做得好的规律，下一次心性变了，不再保持善念了，那做事就不一定能符合客观规律，企业就不一定能成功。

所以，一个人一定要对成功进行总结和坚守。

三、如何发展壮大善念？

有三大法门可以帮助我们存善去恶：

1.去恶法

意思就是不断地找到自己的人欲，并把它去除掉，这就是去恶法。六祖说"心平何须持戒，行直何须坐禅"，里面的"持戒"是把我们的贪欲控制下来，"坐禅"也是为了去除我们的杂念，都是去恶法。

2.守善法

意思就是自己不去作恶，但要守住自己善良的部分，然后不断地存养，直到成为一个品行好的人。

"心平何须持戒，行直何须坐禅"里的"心平"和"行直"都是守善法。"心平"是我们的内心能够做到宁静，宁静到如同六祖说的"菩提自性，本来清净"，守住我们的清净心，是修行心上的法门；"行直"是我们的行为符合客观规律，也就是让我们的行为和客观规律相吻合，是做事和行为上的法门。"行直"不是直来直去，直来直去很可能就变成了任性。

守善法比较适合两类人：第一类是悟性很高的人，例如六祖，听一句话就开悟了，然后一直守住他自己开悟的本心；第二类是悟性很低的人，读书不多，考虑问题逻辑不周密、对世界认知的水平差，但一心向善，这种人适合像佛家人一样念佛坐禅，每天什么也不用管，自己心中一直念着善即可。

3.去人欲存天理法

先去恶、后存善，方法是在阳明先生说的"事上练"里找到自己的私欲，然后去掉它。不断找到、不断去掉，反反复复，最终心境变得清明，清明到良知心的状态，也就是到了善的状态。这种方法适合悟性中等的人，我们大部分人都属于悟性中等的人，我们对事物有自己的认知，但又没达到大彻大悟的境界。

悟性中等的人说笨不笨，说聪明也没开悟，如果让我们每天念经，我们又不愿意，但是我们有能力发现自己心里的恶，一旦发现自己的私欲，就去掉这些私欲，这就是用去人欲存天理的方式来修身。当修行到一定阶段以后，我们就可以用一边去恶一边守善的方式来修身了。

在生活里，我们总是看到自己的缺点，而看不到自己的优点；总是看到别人的缺点，而看不到别人的优点。

不是我们没有良知，也不是我们的良知没有能力看到优点，而是我们的认知系统导致我们做得再好，也会自我否定，以及否定别人，这里就要说到正、反两种修炼法则了。

人生修炼法之一：找到自己优秀的部分，每天去找自己的进步，今天进步了哪一点，明天又进步了哪一点。

这种正向的认知法特别适用于心力不够、自我认同低、自我否定甚至有抑郁症的人。我们不能开自己缺点的窗口，不能一说话就是自己的缺点，如果用负面的认知看待现实的焦虑，结果一定是自我摧毁。

当我们焦虑和抑郁的时候最需要用正面认知，关闭缺点的窗口，开启优点的窗口，每天看到自己进步一点点。比如抑郁症的人，今天能下床了，明天能吃饭了，后天能出门了，就这样打开肯定自己的认知窗，一点点进步，一点点肯定自己，一点点获得正能量。

人生修炼法之二：找到自己缺点的部分，学会反省找缺点，还有哪些地方做得不足需要改进。

当我们狂妄的时候，就要打开负面的认知窗，去看到自己的不足，正视并改进，从而遏制自己萌发骄傲和自满的人欲。

一个人如果能把握自己认知窗的开合，就能把握自己。

我们必须有独立的善恶观，才不会被别人忽悠，不会被历史的善恶所束缚。

这种善，要符合时代的人性，符合人群的共同规律，符合天道。比如，以前男人三妻四妾符合了当时的时代，便不是恶；但现在三妻四妾就不符合时代，那就是恶。

天道不是对好人好，是对善的人好，善是指符合客观规律。

老子《道德经》里的"道"就是客观规律，"德"就是人群的共同规律，"道德"就是符合客观规律也符合人群的规律。

【案例1】

学员问："我做家具二十年了，成功了几次，失败了一次。近几年一直在养病，现在病好了想重新挣钱养家，该怎么办？"

答：一个人想要成事，有三件事要做。

第一件事，立志。要立志，首先解决三个问题：

立志的意义是什么？你诚心创业挣钱养家，是为了家庭去创业的。为了让你的家庭更好，就是你做事情的意义，这就是立志。

你的核心竞争力是什么？你的创业过程只失败过一次，那就代表着你在某个行业是有核心竞争力的，你很懂这个行业。

这件事对别人有价值吗？ 做事业一定不要只想着挣钱，而是要对别人有价值。我当年开始创业，有一个老师，他是一个很成功的人，他跟我说："你要干事业了，我劝你好好把事干好，不要急着挣钱。"我当时还争论，做企业不就是挣钱吗？后来我经历过很多事情以后，最后创业成功了，我才发现最挣钱的时光，都是我专心为别人做事的时光，因为你对别人有价值了，人家就会买单。

　　所以，要一直为别人创造价值，一直不断创新更好的方法，掌握更好的经验。例如，我给大家讲课，大家一直都很爱听，对我所讲的内容很受用，因为能帮助你。但是，我每次讲新课之前，我还是会总结经验，想办法改进，让课程听起来更容易，让大家吸收更多，这样大家就会更爱听我的课。这也就是阳明先生所说的不断壮大发展自己的善念。

　　第二件事，打破自己的限制。

　　打破限制意味着拜任何人为师，拜天地为师，拜经历为师。你可能的确有经验，但是你的经验很可能过时了，你的核心竞争力可能丧失了，所以要像正在干这类事业的同行好好学习。可能有些人是你以前的手下、徒弟，但现在干得风生水起，不要怕跟徒弟学习丢人，谁比你好，你就跟谁学。

　　干事业失败，不外乎两个原因：第一，你给别人创造的价值不行；第二，你受到过往经验的限制。向别人学习是为了提升你的核心竞争力，在事上磨炼，打破限制。

　　第三件事，去除干扰。

　　所有的干扰里面，最多的干扰是你对自己的干扰。别人干扰不了你，只有你自己会干扰自己。这个时候要秉承去恶法，一旦恶念出现，就要及时发现并去除，且坚持壮大自己的善念，坚持按照客观规律行事，这样才能成事。

【案例2】

我做直播，有一段时间没有灵感，特别焦虑。当我看到自己缺点的时候，头都炸了，整晚整晚地失眠。

于是我就换了一种认知，我去找有进步之处。今天比昨天进步了哪一点，明天比今天又进步了哪一点，我每天去找进步的点。

当我每天找到进步的点，我的希望就来了，我心里的力量就来了，我的灵感也来了。

【案例3】

父母永远干不过孩子，为什么呢？

因为父母没想过要适应孩子，而孩子和父母在一起，一定会努力适应父母。父母有什么弱点，父母有什么变化，他都清楚，他会根据父母的变化和优缺点，把握环境，求得生存，这是心理学上求存的本领，求存就是指不死。

我们上大学、锻炼、创业，这是求生的本领，孩子求生的本领没有大人好，但是求存的本领比大人好。

比如，我们回家不高兴，孩子就会表现得特别好，还会用相应的对策来避免我们更生气，甚至会想办法逗我们开心。

求存也就是存善，人类求存会爆发出惊人的感知力、适应力和创造力，孩子需要在大人面前求存，大人需要在社会上求存。

1-36

怎样摆脱原生家庭的阴影

童年的伤害是父母造成的,
但长大以后的阴影是自己造成的。

—— **阳明先生和薛侃有这么一段对话:**

侃去花间草,因曰:"天地间何善难培,恶难去?"

先生曰:"未培未去耳。"少间,曰:"此等看善恶,皆从躯壳起念,便会错。"

侃未达。

曰:"天地生意,花草一般,何曾有善恶之分?子欲观花,则以花为善,以草为恶。如欲用草时,复以草为善矣。此等善恶,皆由汝心好恶所生,故知是错。"

曰:"然则无善无恶乎?"

曰:"无善无恶者理之静,有善有恶者气之动。不动于气即无善无恶,是谓至善。"

曰:"佛氏亦无善无恶,何以异?"

曰:"佛氏著在无善无恶上,便一切都不管,不可以治天下。圣人无善无恶,只是'无有作好','无有作恶'。不动于气。然'遵王之道','会其有极',便自一循天理,便有个裁成辅相。"

曰:"草既非恶,即草不宜去矣。"

曰:"如此却是佛、老意见。草若是碍,何妨汝去?"

曰:"如此又是作好作恶。"

曰:"不作好恶,非是全无好恶,却是无知觉的人。谓之不作者,只是好恶一循于理,不去又着一分意思。如此,即是不曾好恶一般。"

曰:"去草如何是一循于理,不着意思?"

曰:"草有妨碍,理亦宜去,去之而已,偶未即去,亦不累心。若着了一分意思,即心体便有贻累,便有许多动气处。"

曰:"然则善恶全不在物?"

曰:"只在汝心。循理便是善,动气便是恶。"

曰:"毕竟物无善恶?"

曰:"在心如此,在物亦然。世儒惟不知此,舍心逐物,将格物之学错看了,终日驰求于外,只做得个'义袭而取',终身行不著,习不察。"

曰:"'如好好色,如恶恶臭',则如何?"

曰:"此正是一循于理,是天理合如此,本无私意作好作恶。"

曰:"如好好色,如恶恶臭,安得非意?"

曰:"却是诚意,不是私意。诚意只是循天理。虽是循天理,亦着不得一分意。故有所忿憶、好乐,则不得其正。须是廓然大公,方是心之本体。知此,即知未发之中。"

伯生曰:"先生云:'草有妨碍,理亦宜去。'缘何又是躯壳起念?"

曰:"此须汝心自体当。汝要去草,是什么心?周茂叔窗前草不除,是什么心?"

—— 【译文】

薛侃去花间除草,感叹说:"天地间为什么善难以培养,而恶难以去除呢?"

158

先生说:"没有培养善、没有去除恶而已。"过了一会儿又说,"这样去看待善恶,都是自身的考量,所以会有错。"

薛侃没听懂。

先生就说:"天地万物生生不息,就像花草,怎么会有善恶之分呢?你喜欢花,就以花为善,以草为恶;你想用草,就以草为善。这样评论善恶,只是你心里的喜恶造成的,所以是错的。"

薛侃说:"那么没有善恶之分吗?"

先生说:"无善无恶正是内心保持天理的状态,有善有恶是情感迸发出来的表现。人没有情绪的产生,心中就无善无恶,这就是至善。"

薛侃说:"佛家也说无善无恶,有什么区别呢?"

先生说:"佛家的无善无恶,是一切都不管不顾,不能治理天下。圣人的无善无恶,是不能从私欲判断善恶,不能受情绪影响。但是,遵循王道达到极致,这样就能依循天理,就能像《易经》里说的裁成天地之道,辅助天地之宜。"

薛侃说:"草既然不是恶的,那就不应该除草。"

先生说:"这就是佛教和道教的观点。如果草成了妨碍,除去又有什么问题呢?"

薛侃说:"这样做就有了善恶。"

先生说:"不用私欲看待善恶,也不是完全没有善恶,不然就成了没有知觉的人了。所谓的不要有善恶,是指应该遵循天理去判断善恶,不要掺杂个人的私欲,这样就像没有善恶一样。"

薛侃说:"除草怎么会是遵循天理,不掺杂人欲呢?"

先生说:"如果草妨碍了花的生长,那按照天理就应该除去;偶尔有没有去除的,也不用放在心上。如果掺杂人欲,就会放在心上,就会产生情绪。"

薛侃说:"那么善恶与事物没有关系吗?"

先生说:"善恶只在你的心里,遵循天理就是善,产生了情绪就是恶。"

薛侃说:"事物完全就没有善恶吗?"

先生说:"在心里是什么样,在物上也就是那样。世俗的学者不懂,舍弃修心转而追逐外物,错误理解了格物之说,天天在外界寻求真理,只能学到前人流传的意思,一生都做不成事,习惯以后也不会觉察到不对劲。"

薛侃说:"那喜欢美色,厌恶恶臭,又是什么呢?"

先生说:"这就是遵循天理,天理就是这样,没有用自己的私欲来区分善恶。"

薛侃说:"喜好美色,厌恶恶臭,怎么是没私欲呢?"

先生说:"是诚意不是私欲。诚意只是遵循天理。既然是按照天理在做,就没有夹杂私心,是自然而然表现出来的。所以一旦有愤怒、怨恨、喜欢、高兴,心就不再中正平和了,大公无私才是心的本体。如果明白了这个道理,也就明白了未发之中。"

孟源问:"先生说的草妨碍了花的生长就应该除去,为何又说这是自己私欲产生的念头呢?"

先生说:"必须用你自己的心去体会,你要除去草是什么用心?周敦颐先生窗前的草不除去又有什么用心?"

这段看似在讲除草,其实是在讲善和恶的出发点。

薛侃喜欢花不喜欢草,所以他感叹花是善的,长得太慢难以培养;草是恶的,但是春风吹又生,难以彻底清除。这就是掺杂了自己的私欲来判定善恶。

很多时候我们根本不知道什么是真正的善,也不知道什么是真正的恶,更别提培养和去除了。我们眼中的善恶只是从自身出发,由自己心里的喜好所决定。就像薛侃,他喜欢花,认为花就是善的;他讨厌草,认为草就是恶的。

当我们总是以自己的喜好来分辨善恶,那就永远看不到真善和真恶,因为由喜好所判断出来的,不是天理的善恶,而是我们的人欲和执着。

那除草到底是善的还是恶的呢？

那得看我们除草的时候心是怎样的，如果我们是因为讨厌草，认为草是恶的，这是由对错心所指导的行为，那除草这件事就是恶的；但如果我们是从客观规律出发，草的确妨碍了花的生长，为了能让花更好地生长，需要除草，那除草这件事就是善的。

归根结底，是善是恶，看的是我们的心是什么样，带人欲的主观认知就是恶的，不带人欲遵循天理就是善的，这才是真正的智慧。

由此可见，事物没有善恶，但我们的心是有善恶的，遵循客观规律的良知心是善，充满私欲的人心就是恶。

同样都是种花除草，如果我们的出发点是为了让植物在大自然中更有序地生长，那这就是符合客观规律的善。如果我们的出发点是为了满足我们的对错心，把我们认为是错的草除掉，把我们认为是对的花留下，那这就是不符合客观规律的恶。

就像我们一直所说的孝顺这件事，大家都认为孝顺是善的，但到底为什么是善的没有人去探究？大家只是觉得，这是几千年来流传下来的优秀传统，那肯定就是善的。

于是有些人的孝顺里就带了私欲，要么是为了符合传统思想的伦理道德，要么是为了得到父母的帮助，要么是不想被父母责骂，甚至有些人是为了得到父母的遗产才强迫自己去孝顺。

真正的孝顺，应该是去感悟自己和父母的关系，感悟家庭里的客观规律。当我们感悟得越透彻，就越自然而然地萌发孝心，继而做出孝顺的行为，这是心指导的孝，才能知行合一，这才是真正的善。

所以，评判善恶不是看我们的行为，而是看我们的心，如果我们的心遵循了客观规律，那么无论做的事在别人看来是善还是恶，我们都是善的；如果我们的心充满人欲，那么就算我们外表再温文尔雅，我们都是恶的。

那什么叫作"无善无恶"呢？就是没有人欲的良知心。当我们心中无善无恶，无对无错，无悲无喜，那我们的心自然就处在中正平和的状态，自然就能看见客观规律。

如果这颗心包裹了人欲，那就会有得失有对错，这些人欲扭曲了我们的三观，形成了我们的执着。用这样的认知看任何东西都会带有自己的感情和逻辑，那一切事物在心中都会有善恶。

心中无善无恶，就是在没有任何情感、私欲的影响下，去看待万事万物，感悟其客观规律，并按照这个规律去做事。

很多学者都不懂"心即理"的道理，只要我们的心是善的，是遵循客观规律的，那么我们投射到物质上的就会是客观规律。他们不懂这个道理，就没有存养本心，于是每个人对这个世界都有一套自己的评判理论，殊不知这些理论背后都包裹着自己的人欲。

我们与其每天讨论善恶，不如先去人欲、存天理，让自己的心达到至善的境界，让心去指导自己的行为，这才是真正的善。

阳明先生还对佛教的无善无恶和道教的无善无恶进行了区分：佛教把无善无恶这件事当成了一种执着；而儒家思想不是，儒家思想中的无善无恶并不是没有善恶，而是不要从自己的私欲和喜好出发来评判善恶，是要从客观规律出发去评判善恶。

一国的君王所做的决策伤害了百姓，伤害了国家，不符合治理国家的客观规律，那一定是恶；家庭里的成员，做的某个行为对家庭关系造成了伤害，影响了家庭的团结和凝聚力，就不符合家庭的客观规律，也是恶。

我们身处组织里，就要遵循它的客观规律，一切背离组织规律的行为，都是恶的；一切符合组织规律的行为，才是善的。

我把这称为集体意识，也就是我们自己心中可以是无善无恶的，但在组织当中要遵从组织的善恶。无论是在家庭中，还是在企业中，如果没有一个关于善恶的共识，那每个人心里的称就会不一样，就会产生很多矛盾。

我们把草比作我们看不惯的事物，或者说我们认为是错的事物，很多人就总喜欢和不喜欢的东西较劲，恨不得让它马上彻底消失，只要还有一根草存在于地上都会觉得很痛苦，耿耿于怀，这就是产生了我执。

这个时候我们已经不在意这根草妨不妨碍花的生长了，只在意它有没有被清除干净，一旦有了这种执着，我们就会感到痛苦，生出很多念头。

如果执着于拔掉最后一根草，就犯了非黑即白的错误。我们要知道，我们除草的目的是让花生长得更好，而不是因为我们对草有看法，所以我们要止于至善，也就是不要执着于草有没有除干净，只要它不再妨碍花的生长就好了。

说到存善去恶，我们也会有三种处理方式。

第一种，是去掉黑的，留住白的，也就是善恶选择，这是薛侃的做法。

第二种，是谁能满足我的人欲，不管黑白，我都要留下它。谁对我没有价值，那我就要除去它。这是利益做法。

第三种，是留下符合客观规律的事物，而那些不符合客观规律的事物，无论你是去除它还是放着不管，总有一天它都会消失。这种做法，才是达到了止于至善的境界。

在这种客观规律里，还有一个很重要的就是组织规律，也就是对于家庭来说什么是善恶，丈夫怎么做是善恶，妻子怎么做是善恶，孩子怎么做是善恶。这些组织内的善恶判断标准，不是按照个人的喜好，而是需要按照家庭组织的需求来评判。

【案例1】

学员问："怎么做才能当一个智慧的一家之主呢？"

答：第一，自己的心理状态是止于至善的，也就是无善无恶。第二，自己要能够站在家庭的角度，制定出善恶的标准，并让大家都能够遵守。

不同的历史阶段的家庭文化是不一样的，有智慧的人就能根据家庭在每个阶段的现实状况制定新的规则和善恶，让家庭能够不断发展壮大。

《易经》中有一句话，意思是我们感悟了天地之道以后，要承载天地。简单来说，就是在感悟客观规律之后，要按照客观规律去做事，我们是天地间的一分子，所以要辅助客观规律去运行和发展，我们是集体的一分子，就要辅助这个集体去运行和发展。

【案例2】

学员问："我是姐姐，还有个弟弟。家里重男轻女，我从小就被丢在外婆家。上学后因为回户口所在地读书才回到了父母家，回家后要帮父母照顾弟弟。父母从来不在乎我、不关心我，仿佛我是个外人。小学毕业后，我实在忍受不了，以死相逼出国读书，回国后也没有和父母住在一起。现在母亲身体不好，哭闹着让我回去照顾，我于心不忍还是回家了。但在家里的每一刻都感觉痛苦，我恨他们，也厌恶他们。现在我比弟弟混得好，他们还是喜欢弟弟，所以我总是忍不住发脾气，情绪和行为都会失控，我该怎么调节呢？"

答：首先，你对童年的阴影和对父母的怨念，都是你自己创造的。

我们总说原生家庭的阴影会持续一生，但实际上，那些伤害的确是父母造成的，可长大后仍然持续的阴影是我们自己能控制的。

你觉得父母重男轻女，把你当作外人。我们仔细分析一下，你从小到大父母对你的态度：你小时候的确是在外婆家长大的，但小学不是被接回了父母家吗？这件事本来是好事，但在你看来，却变成了你回家是为了照顾弟弟。小学毕业后，父母送你出国留学，在你看来却是你以死相逼才换来的机会。可是如果父母不爱你、不在乎你，出国留学那么高的费用，他们会给你出吗？

所以，这件事归根结底，就是你看不见父母的用心，只看到了你自己的委屈。当你的人欲无法满足时，你就创造出了一套自己是受害者的道理，别人对你的所有真诚和爱，在你的故事中都被扭曲成了对你不好，所以你自己折磨自己，还要折磨别人，在自己创造的故事里痛苦不堪。

那该怎么办呢？

其实只有两个字可以解决，那就是"原谅"。

原谅的第一件事是了解人的内心和真相。你和父母的关系的真相是什么呢？就是父母有他们的缺点，你也有你的缺点。从客观上来讲，你是一个不讨人喜欢的女孩，因为你总是用负面情绪和父母相处，总是觉得父母在利用你、伤害你，这就导致了父母和你相处的过程中会害怕你、和你有隔阂。当你看透了你们关系中的因果，就会发现，所有让你痛苦的果都是你自己种下的因造成的，如果你能摆脱内心中的阴暗，那么父母对你的态度也会有不同。

第二件事就是谅解。谅解分为两种：第一种是对方补偿自己后的谅解，但是对于你和父母的关系来说，你最想要的是在父母心中的地位，但父母的补偿方式却满足不了你的需求，因此无法真正补偿，也就无法真正地谅解。第二种谅解是放过自己，既然你在仇恨中已经这么痛苦，那为什么还要继续痛苦呢，归根结底，最痛苦的是你自己，所以放过自己，也就是谅解别人。

第三件事是把扭曲的认知摆正。你扭曲的认知就是觉得父母小学时让你回家，是因为户口而不得不做；父母把你送出国留学，也是你以死相逼他们才不得不同意；你长大后父母让你回到身边，也是因为你混得好了，他们想依靠你。

这样的认知会影响你一辈子的命运，不仅会在亲子关系中折磨你，你谈了恋爱，进入了职场，依然会带着这种扭曲的认知，所以要把认知摆正。

正确的认知应该是，你的父母对你可能会有一些带有人欲的想法，他们也是人，不可能做到完全无私，但同时他们对你也一定会有爱和真诚，你要看见他们对你的好，承认他们的好。如果你偏执在他们的不好里，只会痛苦一生，无论他们做了什么，你都会觉得受到伤害。

第四件事是完成你人生中的角色。马斯洛需求理论中，最重要的一个层次就是自我实现的需求。我们每个人生下来最渴望的就是实现自我，就是通过完成人生中的各个角色来实现。在父母面前，你的角色是女儿，但你对父母有太多怨恨，还怎么完成女儿的角色？如果你无法完成女儿的角色，又何谈母亲的角色，何谈拥有一个完整的家？如果你没有完成你在家庭中应该完成的角色，没有完成你人生的意义，那终有一天回顾往事，你会悔恨，会落下终生的遗憾。

第五件事就是爱。去爱他们不是因为父母爱你所以你原谅，而是你自己成为那个爱的人，你才能把原谅这件事放在正常的亲情之中。

1-37

智者和愚者的区别是什么

愚者,"我"犯错都是别人造成的;
智者,"我"犯错都是自己的问题。

—— 这就要说到符合客观规律的重要性。

问:"先生尝谓'善恶只是一物'。善恶两端,如冰炭相反,如何谓只一物?"

先生曰:"至善者,心之本体。本体上才过当些子,便是恶了。不是有一个善,却又有一个恶来相对也。故善恶只是一物。"

直因闻先生之说,则知程子所谓"善固性也,恶亦不可不谓之性";又曰"善恶皆天理,谓之恶者本非恶,但于本性上过与不及之间耳"。其说皆无可疑。

先生尝谓:"人但得好善如好好色,恶恶如恶恶臭,便是圣人。"

直初时闻之,觉甚易,后体验得来,此个功夫着实是难。如一念虽知好善、恶恶,然不知不觉,又夹杂去了。才有夹杂,便不是好善如好好色、恶恶如恶恶臭的心。善能实实的好,是无念不善矣;恶能实实的恶,是无念及恶矣。如何不是圣人?故圣人之学,只是一诚而已。

──【译文】

有人问:"先生说'善恶是一个东西'。善就像冰一样,恶就像火一样,是两个极端,完全相反,为什么会说是一个东西呢?"

先生说:"至善就是心的本体,本体稍微有点不及或过都是恶。不是说有了善,就会有恶相对应,善恶只是同一个东西。"

黄直听了先生的说法,就明白了程子所说的"善固性也,恶亦不可不谓之性""善恶皆天理,谓之恶者本非恶,但于本性上过与不及之间耳"。这些说法都没有疑问了。

先生曾说:"修行的人要是能像喜欢美色那样喜欢善,像讨厌臭味那样讨厌恶,就是圣人了。"

黄直刚开始听说这种说法,觉得很容易,后来亲身经历后才知道这个功夫实在很难。比如,一念之间虽然知道善恶,但不知不觉中又掺杂了杂念。有了杂念,就不会像喜欢美色那样喜欢善,像讨厌恶臭那样讨厌恶了。如果能实实在在好善,那就没有念头不是善的了;如果能实实在在讨厌恶,那就不会有恶念了。这样怎么可能不是圣人呢?所以圣人的学问,需要至诚而已。

这段帮我们理解了符合客观规律有多重要。

"至善"是《大学》里讲的"大学之道,在明明德,在亲民,在止于至善"。

"明明德",发挥光明伟大的德行;"亲民",全心全意为人民服务;"止于至善",不执着善和恶,执着天理,也就是符合客观规律。

所谓的善恶都是我们自己的人生观标准,是社会的标准,是村子里的标准,是家庭里的标准,不一定符合客观规律。所以,妈妈说的善不一定是善,老师说的善不一定是善,我们自己说的善也不一定是善。跳出这些我们认为正确的善恶,只去看符不符合客观规律,这才叫至善。

符合客观规律还是不符合客观规律，都是良知心告诉我们的，良知心只有一个。

保持良知心就达到了至善的状态。在客观规律上的叫善，偏离客观规律的叫恶，不管是多一点，还是少一点，都是恶，也就是符合客观规律就是善。不符合客观规律就是恶，不是有了善就会有恶相对，善恶本都是这一颗心。

听起来很简单，用起来却很难，因为我们总是掺杂着很多人欲，这些人欲让我们产生了喜欢和厌恶。

只有对善的追求大过对美色的追求，才能达到"至诚"。"至诚"，是让自己走上符合客观规律的道。

我们想让家好，就走让家好的道；想让企业好，就走让企业好的道；喜欢一个女孩，就走喜欢她的道。这就是至诚。

如果我们对善恶的追求像对美色的追求那么强烈，就会达到圣人的境界，可是我们往往不是追求善恶，而是用善恶来评价别人。要知道，我们生活得不好就是因为事事都不符合客观规律，顺着客观规律走才会成为生活的赢家。

"善固性也，恶亦不可不谓之性"，善是人性，恶也是人性。"善恶皆天理，谓之恶者本非恶，但于本性上过与不及之间耳"，善恶都是天理，所说的恶也不是真的恶，而是"不及"或者"过"。

【案例】

学员问："我在一个公司做业务，公司现在的变动和改革让我越来越没有安全感，觉得自己没有创造价值。随着孩子的成长，生活压力变大了，所以我打算以后自己干。那么，我现在一边在公司干，一边积累能力和资源，为以后的创业铺路，算不算背叛公司？"

答：这个问题我们需要从几点来分析。

第一，公司是否有签订保密协议？是否有明确规定技术和资源不能带走？

如果签订了类似的协议，明确规定了离开时不能带走公司的客户和业务，那你需要遵守这个规定，更不能用于你以后的工作。但如果你带走了，就是违背约定，这就是恶。

常规情况下，你在离职时大可以把你在公司所学到的能力，以及你靠自己的本事所获得的资源带走。

第二，你在公司是否兢兢业业？是否忠于职守？是否完成了公司给的任务，达成了目标？

如果你在公司里每天都兢兢业业地工作，按时完成上司下达的任务，达成公司要求的目标和业绩，那你大可以心安，不需要有负罪感。

如果你每天上班做事都是为给后面积累资源，那就不是兢兢业业，做了对不起公司的事也不是兢兢业业。

如果你没有对公司做到敬业，也就是你一边拿着工资占着资源，一边又忙着为自己以后的创业做准备，那就有点不合适了。

其实，你只是想说服自己没有对不起公司，好让自己心安。你能提出这样的问题，那心里肯定有过不去的地方，你要反思是哪里对不起公司，让你心里不坦荡了。

无论公司怎样，如果你正在做对不起公司的事情，那显然不符合要求，就会心生愧疚；如果你违背约定带走了技术和资源，那也不合法合规，你将有可能面临以下几个问题：

1.如果你是一个不遵从人道的人，那么你能带走的客户，也一定是不讲人道的人，最后你们肯定会在对方的身上吃亏。

2.你是一个没有原则的人，能被你带走的客户也是没有原则的。

3.带着这样的人性，即使不择手段地挣到钱，也会因为德行不够，人性中的贪婪、懒惰欲望膨胀，导致你掌控不了自己。掌控不了自己的人也掌控不了金钱，创业也不会长久。

如果想要良心安宁，一定要遵循人道，遵循公司的规则。在职的时候不占公司的一点便宜，好好工作对得起公司；如果想创业，光明正大地辞职，带走能带走的，留下不能带走的，对得起公司，才能对得起自己的心，以后做人做事才能坦坦荡荡，这样才会有好的结果。

1-38

我们应该做一个为所欲为的人，还是道貌岸然的人

为所欲为的人其实是放纵欲望满足自己，
道貌岸然的人至少能约束自己符合道德规范，
为所欲为比道貌岸然更可怕。

—— 阳明先生这段关于仁、义、礼、智的叙述就说明了这个道理：

澄问："仁、义、礼、智之名，因已发而有？"

曰："然。"

他日，澄曰："恻隐、羞恶、辞让、是非，是性之表德邪？"

曰："仁、义、礼、智也是表德。性一而已，自其形体也谓之天。主宰也谓之帝，流行也谓之命，赋于人也谓之性，主于身也谓之心。心之发也，遇父便谓之孝，遇君便谓之忠。自此以往，名至于无穷，只一性而已，犹人一而已，对父谓之子，对子谓之父，自此以往，至于无穷，只一人而已。人只要在性上用功，看得一性字分明，即万理灿然。"

—— 【译文】

陆澄问："仁、义、礼、智都是由本心发出来的吗？"

先生说："是的。"

过了几天，陆澄又问："恻隐、羞恶、辞让、是非也是本性发出来的吗？"

先生说："仁、义、礼、智都是本性做出来的，人的本性只有一个，

从外在形式来说叫作'天'，从生存发展来说叫作'帝'，从生死变化来说叫作'命'，这些赋予到人身就是人性，主宰人身的就是心。将本性发挥出来，对待父亲就是孝顺，对待君王就是忠心。孝、忠这些词，其实都是本性而已，就像一个男人，他既是父亲的儿子，又是儿子的父亲，他可以有很多身份，但他只是一个人。所以只要做到本性，就自然能做到仁、义、礼、智。"

这里讲到了知行合一的重要性。

我们如果没有做到知行合一，那仁、义、礼、智只是理论，如果能做到知行合一的仁、义、礼、智，那一定是本心发出来的。如果是人欲之心，做不出真正的仁、义、礼、智，只会是一个概念和一个理论，即使能做出表象，也只是在演戏的戏子，所谓的仁、义、礼、智，就变成了你伪装自己的工具。

我们和圣人最大的区别就是，圣人活本心，做出的就是仁、义、礼、智；我们是有欲望的心，我们是活人欲心，只能假装仁、义、礼、智。

现在很多人，在外面做得到仁、义、礼、智，回到家就不是同一个样子，只是有些人演戏是为了得到利益，有些人演戏是为了顺应社会的要求，符合道德的约束，目的不一样。

《金刚经》中说，你真正从本心出发去布施的时候，你的福报是最大的，哪怕有钱人捐了再多钱，都不如你这一刻的本心，所以知行合一才是最重要的。

一个人的修身之路应该是这样的：

放纵私欲（为所欲为）→约束自己（欲望道貌岸然）→知行合一（圣人）。

现在社会上有个奇怪的现象，就是自私合理化，很多人非常坦荡地做个小人，不在乎自己会变得卑鄙无耻，只要能得到利益就好。实际上这就是一种社会的退化，比起道貌岸然，这样的为所欲为更加可怕。

我们即使无法做到圣人的知行合一，至少能做到约束自己，所以我们要立志做一个道貌岸然的人，努力往知行合一的方向走。

【案例1】

比如孝顺父母。我们给他们钱，给他们买房子，但是平时不想陪伴他们，那么这种孝顺都是我们做出来的。我们修了本心，本心是孝顺的，那么自然而然就会想陪伴父母，想陪他们逛街吃饭，为他们做事。

【案例2】

比如教育孩子。一个家长当着孩子的面大吼大叫、骂脏话，这样的家长能教育出有素质的孩子吗？明显不能。孩子是一张白纸，家长好的方面、坏的方面，他都会学去。

虽然父母不能做到真正的有素质，但至少可以用家规和文化共识来约束自己。在孩子面前不骂脏话，不发脾气，努力做个有素质的人，这样才能给孩子树立好榜样。

【案例3】

学员问："我46岁，在外企做HR总监，有继续上升的机会，但是又觉得再努力拼搏会感到辛苦、疲惫。在这样一个尴尬的年龄段，不上进吧不甘心，上进吧又太累，该怎么办呢？"

答：一个人应该了解的客观规律，其中一个就是自己，我们每个人都有自己的天分，有自己擅长的领域。

如果一个人是销售冠军，擅长销售，但领导非要给他提拔成经理，他升职之后反而会做不好。因为销售和经理考验的是两种技能，销售需要以推销为主，而经理是要带团队搞管理。企业如果让擅长销售的人来当管理者，就属于是用错了这个人的天分。

这位学员也是同样的问题，要了解自己的优势与短板。

第一种情况，如果你的能力天性和你现在的职位刚好匹配，那你就拼命地干，在这个职位上释放出自己所有的能力和天赋，在过程中你也会非常有兴趣、有创造力、有成就感。这时候，你如果一心想着往上走，当你升职后，反而会觉得又累又难而且没有成就感。

第二种情况，如果你觉得你和现在的岗位并不是很匹配，你更擅长做管理，那你可以选择继续往上走，也许你可以在更高一级的岗位得到更好的发展。

什么叫命好？其实命最好的人就是能找准自己的定位。

我认识一个人，他前半辈子都在做副职，做得特别好，但是他妻子总觉得副职说出去没那么好听，逼着他升正职。他升了官之后，反而觉得压力很大，不适合自己，最后工作没做好，和妻子的关系也更差了。

所以，我们说的不认命，不是说你要逃离自己的命，而是要在自己命运的范畴内做到最好。一个人最自在的状态，就是把自己用足了，不然你在高半格的领域里干不过别人，在低半格的领域里又不甘心，只有在和自己能力匹配的领域内做到最好，才最舒服。

1-39
为什么我们无法看到事情的真相

因为内心的欲望让我们看不到事情的全貌。

—— 我们看到的天理只是天理的一部分，就不能轻易下结论。

黄以方问："先生格致之说，随时格物以致其知，则知是一节之知，非全体之知也。何以到得'溥博如天，渊泉如渊'地位？"

先生曰："人心是天、渊。心之本体无所不该，原是一个天。只为私欲障碍，则天之本体失了。心之理无穷尽，原是一个渊，只为私欲窒塞，则渊之本体失了。如今念念致良知，将此障碍窒塞一齐去尽，则本体已复，便是天、渊了。"乃指天以示之曰："比如面前见天，是昭昭之天；四外见天，也只是昭昭之天，只为许多房子墙壁遮蔽，便不见天之全体，若撤去房子墙壁，总是一个天矣。不可道眼前天是昭昭之天，外面又不是昭昭之天也。于此便见一节之知即全体之知，全体之知即一节之知，总是一个本体。"

—— 【译文】

黄以方问："先生的格物致知学说，是随时通过格物来致良知，那这个知只是一部分的知，而不是全部的知，如何能达到'溥博如天，渊泉如渊'呢？"

先生说："人心就是天，是渊。心的本体无所不包含，原本就是天理。只是被私欲蒙蔽，才会失去了心的本性。本心是无穷无尽的，原本就是一个渊，只是被私欲阻塞，才会失去了渊的本性。现在心心念念都是致良知，将私欲的蒙蔽和阻塞都去掉，那就能恢复本心。那也就是天和渊了。"先生指着天空说，"比如现在这个天，是晴朗的天；从外面看天，也是晴朗的天。只是因为被房子的墙壁遮住了，所以看不到全部的天。如果拆掉房子的墙壁，就会看到全部的天。不能说现在看到的天是晴朗的天，外面的天就不是晴朗的天。局部的天理也是全部的天理，全部的天理也是局部的天理，总之，天理都是一个天理。"

阳明先生在这里将人欲比作了房子。

本来我们用本心能看到辽阔的天空，但是有了私欲，就像走进了房子，跨进了牢笼，关注什么就开了面向什么的窗户。

也就是人欲先给你建了一个房子，又给你开了个窗子，你只能看到人欲想看到的，这个道理和哈佛大学教授讲的矩阵点的认知是一致的。

只要我们有了人欲，就有了独特的注意力，有了独特的注意力，我们就看到了真相。

也就是私欲导致我们看事情只能看局部，只有去掉私欲，才能把注意力放在广阔的客观规律上，但局部的天理还是属于天理。

【案例1】

你在抖音上看到成都太古里有好多潮男、靓女，你真的来了太古里，果然看到很多潮男、靓女。这是因为你来之前就给自己盖了个房子、开了个窗子，太古里还是那个太古里，但你透过这个窗子就只能看见那些男男女女。

我和朋友去太古里，我是贪吃的人，我不断给他讲太古里的小吃好吃，而我朋友给我讲的就是小姐姐。

每个人开的窗不一样，看到的太古里就不一样，有人看到了小姐姐，有人看到了小吃，有人看到了好多专柜，有人看到了一家人逛街的快乐生活，这些东西都是客观存在的，你注意力在什么地方，就只能看到什么。

小姐姐是太古里的一部分，小吃是太古里的一部分，专卖店也是太古里的一部分，大家看到的其实是同一个太古里。

【案例2】

学员问："女儿高三学习压力很大，有时候遇到问题一个人在房间发脾气难过，也不和我们沟通。作为妈妈我很难受，问她学习情况她也不说，我们说起别人的成绩也会触碰她的自尊心，这种情况该怎么与女儿沟通呢？"

答：首先，不要先给女儿下结论，她发脾气难过不一定是因为学习压力大。

其次，她能发脾气说明还会宣泄，是有缓和余地的。你们不要生气指责她，也不要害怕她有什么严重的后果。如果你讨厌她生气就会抱怨她，如果你纵容她生气不敢制止，就会滋养她用生气的方式为所欲为，这两种方式都不可取。

最后，你用去人欲存天理的方式，客观地来看待这个事情：女儿高三，正在学习，在发脾气，抱怨你们只跟她谈学习，那么你不要指责，不要询问缘由。

如果你的女儿有目标，你就要相信她会自己战胜自己；如果你的女儿没有目标，那你需要跟她谈目标、谈志向，建立共同目标，达成共识。当你们有了共同目标，就会更容易互相支持和分享，就算花半年时间去做这件事都值得。

1-40

孩子大学毕业不工作，怎么办

让他二选一，
要么老老实实去上班，要么出去自己过。

—— 阳明先生有一段关于致良知形式的理论：

问："乐是心之本体，不知遇大故，于哀哭时，此乐还在否？"

先生曰："须是大哭一番了方乐，不哭便不乐矣。虽哭，此心安处即是乐也，本体未尝有动。"

问："良知一而已。文王作《彖》，周公系《爻》，孔子赞《易》，何以各自看理不同？"

先生曰："圣何能拘得死格？大要出于良知同，便各为说何害？且如一园竹，只要同此枝节，便是大同；若拘定枝枝节节，都要高下大小一样，便非造化妙手矣。汝辈只要去培养良知，良知同更不妨有异处。汝辈若不肯用功，连笋也不曾抽得，何处去论枝节？"

—— 【译文】

有人问："快乐是心的本体，那如果遇到大的变故，我痛苦了，这个快乐还在吗？"

先生说："必须大哭一场之后才能快乐，不哭就不能快乐了。虽然在哭，但心得到了安抚也就是快乐了，心的本体并没有变化。"

有人问："良知只有一个，但周文王作《卦辞》，周公写《爻辞》，孔子整理成了《十翼》，他们都是圣人，为什么理解不一样呢？"

先生说："圣人怎么能拘泥于教条呢？只要大体都是出于良知，即使各自有各自的说法又有什么问题呢？就像一个竹园，只要是同样的枝节，就是大体相同了；如果拘泥于枝枝节节，全都要求高低大小要一样，那就不自然了。你们只去存养良知，良知达到极致，其他都不是问题了。你们如果不肯下功夫，连竹笋都发不出来，还如何去谈论枝节？"

这一段话讲的是情绪的心理过程。

人不会没有情绪，如果良知心在主宰产生情绪，那么无论是快乐还是痛苦，都是符合天理的。

如果不由人欲主宰产生情绪，遇到快乐的事情，那我们就乐得不得了，遇到伤心的事情，我们就伤心得不得了，这时的表情、情绪、言行都不在客观规律上。

客观规律让你快乐或是痛苦，都是因为它安抚了你的心，滋养了你的本心，从而让你回归到平静。

如果我们纯粹地修良知心，我们的良知心都是异体同心的。

客观规律里面有一些细枝末节，有些人注意到了，有些人没有注意到，每个人的描述规律不一样，有些人重视描述这些，有些人重视描述那些，所以表现出来就不一样。

大原理、大规律大致一样，细枝末节不一样，相当于三个人用三种算法解同一道题，抖音成功就是因为抖音的算法符合了人欲的规律。

所以，我们修良知心，不要在乎算法，不要计较谁更厉害，只要能看见客观规律。

有的人认为学心学很难，就迟迟不肯做，所有说难的人就是因为他们根本没做。心学最根本的功夫是去人欲存天理，每天做一次，做一个月就会变得很厉害。对于不做的人来说，这个世界上什么事情都难。

就像我家阿姨，来的时候说不会做饭，从来没做过，我说："没关系，你不会的话我做。"结果两年后她什么都会做了，这说明她一开始只是为了不做找借口而已。

【案例1】

我在共修营要求学员每天做一个五步法打卡，帮助他们解决困惑，找到人欲，提高认知。

一个学时结束后，我和一个学生聊天，她什么都不会，说："老师，好难。"我问她五步法打卡做了没，她说一个都没做。实际上，对不做的人来说，什么都难。

另一个学员来的时候非常痛苦，人际关系不好，跟谁都过不去，也找不到自己的人欲。他每天坚持做五步法，甚至一天做两三个五步法，做到毕业，他说自己的困惑少了，情绪少了，方向性强了。

无论什么事情，越做才越熟练，越做才越精通。

【案例2】

学员问："我女儿从小就是学霸，大学毕业以后突然躺平了，不参加工作，不做家务，不和人交往，只打游戏和去舞蹈班学跳舞。女儿高中时候有抑郁倾向，我既不敢说又愁，头发都愁白了，我该怎么改变她？"

答：我们一个家庭就是一个团队，团队就要有做主的人，要有团队的奋斗目标，一个家庭总有矛盾，这就是没有共同的目标，大家都在用自己的对错心看问题。

对于妈妈来说，女儿不工作、不做家务、不和人交往、打游戏和跳舞都是错的，这就是对错心。同时，还有得失心——女儿曾经有抑郁倾向，现在就不敢说重话，害怕女儿真的抑郁，这就是得失心。骂孩子是你的对错心，怕孩子是你的得失心。

那我们按照规律来，有病先看病，要是诊断有抑郁症该治就治。很多父母怕带孩子看精神科，但是不看的话，万一有病会错过治疗时机，没有病又会错过教育的时机。

要是诊断没有抑郁症，就跟女儿说清楚："我们是一个团队，在一个团队里不要讲自由、不要讲独立、不要讲尊重，要按团队的规则来，组织有组织的要求，有组织的共同目标和共同利益。"

对女儿最大的尊重是让她选择留在这个组合体还是离开。如果离开，就自己挣钱，自己躺平，自己管自己的饮食起居；如果要留在组合体里，那就按这个组合体的目标和规矩行事。

这种方式是立志，确定目标，完成目标，没必要骂孩子，给孩子贴上各种标签。

很多事情都是这样，如果不面对，永远都是一个结，只有勇敢地去面对，才能找到解决的办法。

第二部分

心即理有两层意思:
第一层,心是客观存在;
第二层,心能照见客观规律。

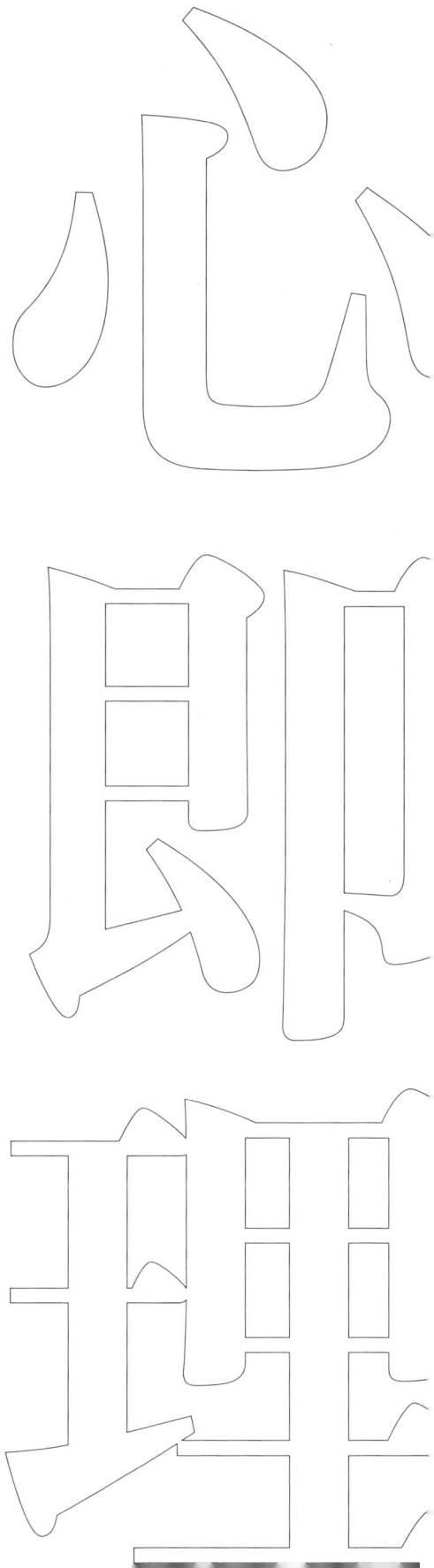

2-1

为什么夫妻吵架听起来都特别有道理

因为他们讲的道理都是为了证明自己是对的。

——"心即理"是阳明心学里很重要的观点,其中一段话这样说:

爱问:"至善只求诸心,恐于天下事理有不能尽?"

先生曰:"心即理也,天下又有心外之事、心外之理乎?"

爱曰:"如事父之孝,事君之忠,交友之信,治民之仁,其间有许多理在,恐亦不可不察。"

先生叹曰:"此说之蔽久矣,岂一语所能悟?今姑就所问者言之。且如事父,不成去父上求个孝的理;事君,不成去君上求个忠的理;交友、治民,不成去友上、民上求个信与仁的理。都只在此心,心即理也。此心无私欲之蔽,即是天理,不须外面添一分。以此纯乎天理之心,发之事父便是孝,发之事君便是忠,发之交友、治民便是信与仁。只在此心去人欲、存天理上用功便是。"

——【译文】

徐爱问:"至善只从心里探求,恐怕不能包含天下所有的道理吧?"

先生回答:"心就是天理,世界上万事万物的道理都在心里。"

徐爱问:"就像对父亲的孝顺,对君王的忠诚,对朋友的诚信,对百姓的仁义,我们不得不去考究吧?"

先生感叹说:"这些错误说法已经流传很久,一两句话说不明白。就你的问题来说,比如对父亲不孝顺,去父亲身上找原因;对君王不忠诚,去君王身上找原因;对朋友不诚信,去朋友身上找原因;对百姓不仁义,去百姓身上找原因。这些做法都是错误的。这些孝、忠、信、仁都应该在我们心里,这个心是指没有私欲的良知心,这就是天理,不需要再去外界寻求什么。我们的心里有孝、忠、信、仁,那表现出来对父亲就是孝顺,对君王就是忠诚,对朋友就是诚信,对百姓就是仁义。所以,我们要做的事情是去除私欲,保留天理。"

从这段可以看出,阳明先生认为,没有私欲的良知心就是天理。

这个世界上存在两种道理:一个是心中的道理,另一个是客观世界中存在的道理。

我们的人生之所以总有困惑,就是因为我们的心中含有很多人欲,这就像是镜子上沾满了尘埃,因此无法照见本来的面目,于是我们心中的道理就无法和客观世界的规律所契合。

这种情况下,就算我们研究再多外界的道理,那些道理也不是天理。只有没有人欲的良知之心,也就是我们刚才讲的至善之心,照见的才是客观规律,才是天理。

人带有私欲去想道理、看道理,得出的都是你想要的道理,只有去除了人欲,用良知心才能对照出客观规律的道理,这些道理就是天理。

阳明先生认为,不孝顺而去父亲身上找问题,不忠诚而去君主身上找问题,不诚信而去朋友身上找问题,对百姓不仁义而去百姓身上找问题,这些都是错误的行为。

很多时候我们想孝敬父母，想给父母花点钱，但是我们又不愿意去做孝顺的事，这时我们内心就有痛苦、有愧疚，所以很多人就会想在父母身上找孝顺的道理。

有些人的父母很好，所以他能很容易就找到孝顺父母的原因，因为父母生他养他不容易。但有些父母可能做得不尽如人意，在困难时不帮助自己的儿女，对子女漠不关心，这时子女就找不到孝顺的理由。还有一种情况，就是父母非常有钱，如果不孝顺他们的话就得不到遗产，所以不得不孝顺。但当我们从父母的身上找寻孝顺的理由时，实际所做的孝顺的行为就成为一种演戏。

辅佐君王也是同样的道理，放在生活中类比于员工忠诚于企业。很多员工都把这个选择归结于老板身上，如果老板提拔你、信任你，那你就对他忠诚。反之，如果老板对你严厉了一点，你就不想忠于他。但忠诚这件事不是取决于外物的，而是取决于你自己的心，如果你的心中自然存在忠诚，那无论老板的态度对你是怎样的，你都会做到忠诚的品格。

对待朋友也是这样，你要不要对朋友诚信，通常是看朋友对你好不好。但如果你的心本来就是诚信的状态，那就无所谓你的朋友怎样对待你，只要你是一个诚信的人，那老天自然会把诚信的人送到你身边。

阳明先生所举的这些例子，实际上就是在告诉我们，正确的方法应该是自我反省，从自己身上找原因，因为我们心里有什么，就会表现出什么，我们修炼心即可。

总而言之，满足了你的私欲，你才能做到的人生品格，不是真正的品格。只有你是孝顺的心，才会对父亲孝顺；你是忠诚的心，才会对君王忠诚；你是诚信的心，才会对朋友诚实可靠……要做到孝顺、忠诚、诚信、仁义，就摒弃心里的私欲，留存天理。

【案例1】

夫妻吵架，都在讲道理，听起来都特别有道理，为什么？因为他们讲的道理都是有私心的，找到的都是符合自己私欲的道理。特别会吵架的人，都是心里先有私欲，然后找到了很多为私欲服务的道理。

"清官难断家务事"意思是连清官都断不了夫妻的私欲，这也反映了夫妻吵架的根源属于夫妻之间缺少共识，因为事实满足不了夫妻双方的私欲，所以双方都在找道理满足私欲。

【案例2】

以孝来说，父母养育你对你好你就孝顺他，父母不管你不养你了你就不孝顺他，这就说明你不是个孝顺的人。一个人孝顺与否完全取决于父母的态度和表现，所以即便表面功夫做得再好，这个人实际上也不是一个孝顺的人，和父母是怎样的人并没有关系。

父慈子孝不叫孝，父不慈子还孝才是真正的孝，如果你的父亲是亿万富翁，你不得不孝，那这更不是孝。所以，不管父亲怎样你都会孝顺他，这样你才是一个孝顺的人。

2-2

为什么很多企业管理混乱

一个重要原因是牵扯进了人际关系,既要达成企业目标,又要满足亲朋好友,很难达到平衡。

—— 在《传习录》中有这样一段对话:

爱曰:"闻先生如此说,爱已觉有省悟处。但旧说缠于胸中,尚有未脱然者。如事父一事,其间温凊定省之类,有许多节目,不亦须讲求否?"

先生曰:"如何不讲求?只是有个头脑,只是就此心去人欲、存天理上讲求。就如讲求冬温,也只是要尽此心之孝,恐怕有一毫人欲间杂;讲求夏凊,也只是要尽此心之孝,恐怕有一毫人欲间杂,只是讲求得此心。此心若无人欲,纯是天理,是个诚于孝亲的心,冬时自然思量父母的寒,便自要去求个温的道理;夏时自然思量父母的热,便自要去求个凊的道理。这都是那诚孝的心发出来的条件,却是须有这诚孝的心,然后有这条件发出来。譬之树木,这诚孝的心便是根,许多条件便是枝叶,须先有根然后有枝叶,不是先寻了枝叶,然后去种根。《礼记》言:'孝子之有深爱者必有和气,有和气者必有愉色,有愉色者必有婉容。'须是有个深爱做根,便自然如此。"

—— 【译文】

徐爱问:"听先生这样说,我有所醒悟,但旧时的说法还在心中,没有彻底明白，比如伺候父亲，冬日保暖、夏日祛暑等许多细节，也不需要讲究吗？"

先生回答说："怎么能不讲究呢？但都是在去除私欲，纯粹的孝心的前提下，比如关心父母冬日保暖、夏日祛暑，都是出自孝心，而不是为了其他目的。没有私欲发自内心的孝顺才是真正的孝顺，这样冬天自然能想到如何给父母温暖，夏天自然能想到如何给父母清凉，这些都是心思表现出来的行为。就像树先有了根，才能有枝叶，不能因为研究枝叶而忽略了种根。《礼记》中也说：'深爱父母的孝子，对待父母一定会很和气，有了和气的态度，自然有了愉悦的脸色，有了愉悦的脸色，就一定会有让父母高兴的表情。'有了深爱做根，一切都是自然而然的事情。"

徐爱问到了孝顺父母的细节上需不需要讲究。阳明先生说，需要讲究，要在抛弃私欲、存养天理的情况下讲究。

只要心里是不夹杂人欲的，在这颗孝顺的心下，我们会自然而然地，冬天想到父母的寒冷，让父母变得温暖；夏天想到父母的炎热，为父母做消暑之事。要先有孝顺的心，才能自然地做出孝顺的事情。

这就像是一棵树，不掺杂私欲的孝心是树根，而那些孝顺的礼节和方法是枝叶，我们应该先寻求根，再在这个基础上开花结果。

出发点就是根，方式是枝叶，结果是果，那么我们的行为就需要从出发点、方式和效果三个方面来平衡。

在不同的地方、不同的文化下，孝顺父母的方式不同。比如，孝顺的方式有给父母钱、照顾父母、听父母的话，但我们跟父母在一起的时候给父母脸色，认为父母很固执、很自私，不想与之相处，或者认为父母给自己添了很多麻烦想甩掉麻烦，这时候我们就有了私欲。虽然我们做了很多表面上看起来很孝顺的行为，但这个动作只是做样子，出发点变成了"应该孝顺父母"，变成了一种被迫的行为，结果就是父母并没有感受到我们的孝心。

"我应该孝顺父母"和"我想孝顺父母"是两个出发点。应该是被动的、委屈的，想是主动的、开心的，"我应该孝顺父母"是私欲，是想证明自己是个孝顺的人，"我想孝顺父母"才是发自内心的天理。

要做到真正的孝，不是外面大家一致认同的孝顺的方式，而是带着格物的心态去格自己的出发点，去除私欲，保留想孝顺的心。去除的人欲越多，孝顺的心越纯粹，对父母的态度就越好，这样父母才能感受到我们的孝顺。

一个纯正的出发点对于我们做人做事，都非常重要。

有的人做事执着于目标，有的人做事执着于方法。为什么有些人会执着于方法？因为这个方法是你创造的，是能给你带来安全感的，是你曾经成功过的，是能显示你很牛的，这就是有的人的方法不能与时俱进的原因。这些人做事的出发点并不是目标，当不遵守达到目标的规律和方法去做，执着于自己的方法的时候，就会付出很多代价。我们真正该执着的应该是目标，而非方法，也就是说，我们要格自己的出发点。

无法区分做事方法背后哪些是天理、哪些是人欲就会绕弯路，只有当你按照天理去做，才能保留自己好的方法，再跟别人学习改进不好的方法，这样能让自己的方法更新换代、与时俱进。

世界上有很多先进的管理方法，但这些方法都是别人的方法，我们即使学了很多、复制了很多，也没有达成自己的目标。只有不固执于别人的方法，也不固执于自己的方法，围绕目标，感悟天理，再借鉴别人参悟的天理，才能总结出自己的方法。

所以，无论是在关系里，还是在做事上，要想取得好的效果，最重要的就是要格自己的出发点，修炼一颗不掺杂人欲的心，我们的人生才会变得简单而且有创造性。

【案例1】

以我自己为例，以前我对父母好，是因为父母对我好，我要报答父母，但我没有找到我内心要孝顺父母的感觉。后来，父母做了一些事伤害到我，我发现我就孝顺不起来了。

当践行阳明先生的"去人欲、存天理"的时候，回去跟父母包饺子，我就发现当我想孝顺父母的时候，氛围就会变得又开心又幽默，两个老人被我逗得一直笑。我不是刻意去这样做，这就是去除人欲以后天理留存部分的力量。

【案例2】

以家庭为例，我有一对夫妻朋友，为了家庭琐事天天吵架，他们都说自己是为了家庭好。我说，你们都是为了家庭好，就该找找自己的人欲然后去掉。夫妻之间的人欲是什么？夫妻交流中除了天理的部分，还有什么出发点是自己的私欲？

丈夫认为自己有思想、有水平，想在妻子面前证明自己很牛、很对，说话态度表现出对妻子的蔑视；妻子觉得是丈夫追的自己，自己就该在家庭里保持高高在上的地位，不接受他的态度，就和丈夫对着干。所以，吵架放大了鸡毛蒜皮的小事，既费心力也消耗了爱情。解决的办法就是两个人都进行反思，去除自己人欲的部分，真正做到出发点是为家庭好。

由此可见，我们之所以把一些好的关系变得越来越不好，就是因为我们看不见我们做事的出发点里隐藏了自己的私欲。

【案例3】

以企业为例,有些企业关系混乱、管理混乱,为什么会这样呢?因为牵扯进了很多人。

达成企业的目标是天理,但一旦牵扯进了很多亲戚朋友,在达成企业目标的同时,你还要照顾家庭和朋友,这就是人欲。你既要实现天理,又要满足亲戚朋友的人欲,很难达到平衡。

企业之所以混乱,就是因为出发点太多。

【案例4】

以教育孩子为例,我们教育孩子的目的是让他成长。你考不上的学校让他考,你实现不了的目标让他实现,这不是让孩子成长,而是让孩子完成你完成不了的目标和理想。

在教育孩子的时候都会有情绪,那么你要分清楚,你教育他是为了让他成长,还是只是宣泄自己的情绪,一个纯粹的出发点非常重要。

【案例5】

学员问:"我是一所学校做管理的副职,一把手不关心核心教学的工作,任人唯亲,搞得学校人心涣散,氛围不好。我的个性比较强,经常被领导边缘化,在这种情况下我还在坚守岗位,但压力很大,经常心情不好,我应该如何调整?"

答:首先,要指出你有两个问题:1.不需要评价领导好坏,不管你评价如何，领导是你的环境，如果你对他有看法，他在你就会不开心。2.你是副职，没有做好副职的工作，却在关心正职在做什么。

其次，我们从修身的角度来说，人生的修行有几个阶段：第一阶段是先认知自己，也就是从自己身上找原因。领导的德行非常差，那么我在非常差的环境里要怎么做？要么生存，要么改变，要么离开，只抱怨没有任何行动，就是死局。你可以问自己三个问题：在这个环境里我是否能发展？我能和这样的领导相处多久？我能不能当领导？

修身的第二阶段是和众。和众的意思就是我能跟任何人相处。你能选择妻子，但妻子的父母、亲戚、你的父母、老板等周边有太多人你都不能选择。《易经》中说："天行健，君子以自强不息；地势坤，君子以厚德载物。"也就是说，天道变化无常，君子要在变化中发愤图强；大地宽广有承载力，君子就应该像大地一样去承载一切。

我们身边没有绝对的坏人，也没有绝对的好人，昨天的死敌，今天也可能成为朋友。领导提拔别人是任人唯亲，但有一天提拔你了就变成了任人唯贤。领导有优点才会当上领导，你很有才但也会抱怨，人都是优点和缺点的结合体。所以，外界环境无论怎样你都像大地一样去接纳，对待别人包容，对待自己有严格的要求和追求，自己的本事强了才有出路。

你问问自己能否与领导相处，如果不能就换工作，如果不想换就保持好心情，即使不能有好的发展，至少能保持好心情。

当你的品格好了，本事强了，就能成事，就达到了修身的第三阶段：成事。

成事多了，你就进入了第四阶段：众合，大家觉得你人好，又能做事挣钱，都愿意跟随你，你就成了领导。

第五阶段是觉醒，突破自我，看破内在规律，就会过得更自在。

这五个阶段是循序渐进的，如果想成事，先要自我认知和和众，想领导别人，先要和众和能成事。

所以，在这件事里，你需要端正心态，按照修身的五个步骤一步步完成，长此以往，不仅能和大家相处，还能增长能力，说不定某天就当上了领导。

2-3

单亲家庭的孩子脾气怪吗

没有家庭是完美的，
关键是怎样培养孩子。

—— **阳明先生讲了格物的重要性。**

爱曰："昨闻先生之教，亦影影见得功夫须是如此。今闻此，益无可疑。爱昨晓思，'格物'的'物'字，即是'事'字，皆从心上说。"

先生曰："然。身之主宰便是心，心之所发便是意，意之本体便是知，意之所在便是物。如意在于事亲，即事亲便是一物；意在于事君，即事君便是一物；意在于仁民爱物，即仁民爱物便是一物；意在于视听言动，即视听言动便是一物。所以某说无心外之理，无心外之物。《中庸》言'不诚无物'，《大学》'明明德'之功，只是个诚意。诚意之功只是个格物。"

先生又曰："'格物'如孟子'大人格君心'之'格'，是去其心之不正，以全其本体之正。但意念所在，即要去其不正以全其正，即无时无处不是'存天理'，即是'穷理'。'天理'即是'明德'，'穷理'即是'明明德'。"

—— **【译文】**

徐爱说："昨天听了先生的教诲，大概知道怎么下功夫了，今天又听了先生的教诲，一下就没疑惑了。我昨天在想，'格物'的'物'就是事情，都是从心上说的。"

先生说："是的，心是身体的主宰，心发挥出来的是意念，意念又是感知出来的，意念指向的东西就是事物。我们的意念在侍奉父母上，侍奉父母就是一件事；我们的意念在侍奉君王上，侍奉君王就是一件事；我们的意念在仁爱百姓上，仁爱百姓就是一件事；我们的意念在视、听、言、动上，视、听、言、动就是一件事。所以，我说本心之外没有天理，本心之外没有事物。《中庸》中说的不精一就没有万事万物，《大学》中说的发挥清明的德行，都是说心要纯粹真诚，至诚的功夫就是'格物'。"

先生又说："'格物'就像《孟子》说的'人大格君心'的'格'，大人是君王的老师、御史，去除君王内心的邪恶，以保全本心的纯正。既然要去除邪恶保全纯正，那就每时每刻都要存养天理，也就是穷尽天理。天理就是清明的德行，穷理就是发挥清明的德行。"

徐爱这段话引出了三个关键字——格、物、心。

我们先说"格"是什么意思，"格"出自儒家思想中的"格物、致知、诚意、正心"，我们可以看到格物是排在第一位的，也就是说它是一个人最重要的功夫，也是最能体现智慧的功夫。通俗点理解，"格"就像是格子一样，把事物分门别类，目的就是从不同的维度去反复解释同一个事物，以求对这个事物的理解能更透彻。

那"物"是什么意思呢，其实就是生活中的各种事情。比如，我人生需要做什么选择，我应该嫁给什么样的男人，我和现在的男朋友能不能结婚，我要怎么教育孩子，我该如何和上级相处。

对事有深刻的认知，才能了解怎么处理这些事，将事情处理得越好，命运就越好。对一个事物的认知水平和深度，就是一个人的领导力水平，"格物"就是提高认知事物的深度。

最后我们再说"心",不是心脏的心,是动心的"心",是心理状态。开心是心理状态,动心也是心理状态。"心是身体的主宰",是指心理状态决定了我们的语言、行为和选择。

《荀子》里讲过一句话:"心者道之主宰"。你内心是什么心理状态,也就决定你走什么样的道路。一个人白天上班时走的是事业道,晚上跟朋友聚会用的是朋友道,和女朋友见面是情道。你会发现,你的心到了哪里,你就在走什么道。我们每天选择做什么事情,这些事情的总称就叫道。商道、官道、科学道,你从事的领域也是道。

心理状态会发挥出意念,对世界的认识是由心理状态创造出的现实社会,心情好看世界就美好,心情不好看世界就特别糟糕。

今天你心情好,出门看到的都是蓝天白云、花草树木,这都是你的心创造的意念。心理状态不一样,发现的东西就不一样,这就是心理状态产生的意念,也是注意力,也是起心动念。

意念的本源是"知",意念又是心发出来的,所以在不同的心的状态下,会对这个世界产生不同的感知。

什么是对这个世界的感知呢?比如,这段时间你对男女关系特别注意,那么你看身边的人就会特别注意,这是男人,那是女人,这个男人帅,那个女人漂亮。这时候你会发现你满眼都是男女情感,看剧也是看情感片。这就是你这段时间的心理状态给你创造的感知和认识。

当你的心对这个世界产生了感知和认识的时候,就起心动念了,起心动念以后你就想做点什么,别人谈恋爱,你也想试试看。

你发挥出来的意念,其本源就是心对世界的认知。意念放到哪里,那个东西就叫事物。

你的注意力在哪里,你的成果就会在哪里。比如,孝顺父母,你现在看我的书不会想到父母,但当我提起父母你就会想到,现在天气冷暖,父母是否得到保障。你有了这个意念，看完书就有可能给他们打个电话。

意念放在孝顺上，孝顺就是一件事儿；意念放在侍奉君王上，侍奉君王就是一件事儿；你的意念放在挣钱上，挣钱就是一件事儿；你的意念放在谈情说爱上，恋爱就是一件事儿；意念在看、听、言、行上，看、听、言、行就是一件事儿，这时候讲的就是注意力。

在贵州龙场阳明洞旁有一个很大的阳明纪念馆，纪念馆墙上有很多阳明语录，其中有一条是"无心外之理，无心外之物"，这是阳明学说里重要的思想。

本心之外，没有天理。本心之外没有事物，本心就是良知心，天理就是我们现在理解的客观规律，也就是说在本心之外，你了解不了客观规律。

这句话其实是哲学上的认识论，从唯物论角度讲，外界的客观规律是人类身体以外的存在，那么怎么才能认识客观规律呢？让本心来认识客观规律。

没有尘埃、没有欲望、清明的心就叫本心，也是佛心。人人都有本心，也就是佛家所说的人人可以成佛。那么，为什么你看不到自己的本心？因为你本心之外还包裹着欲望、得失、贪、嗔、痴，那些东西遮蔽了本心。

就好比你买了一颗最贵的钻石，却包裹着一层层破纸，当你把执着打开，把欲望打开，把外在的包装都打开，里面就有一颗闪闪发光的钻石。这就是一个人的人性，人性的特点就是，没有外面的包装，没有如钻石般最璀璨、最坚如磐石的心。

我们每个人的心都是有包装的，包装的里面是一颗最值钱、最好的心，但包裹着情欲、贪痴、固执、愤怒等很多很多的东西，所以每个人拿出来的心，样子不一样，形状不一样，颜色不一样。

我们对这个世界的认知就是万事万物，如果不能诚心诚意让本心去看待世界，那么看到的不是真正的客观规律，而是自己造就出来的假的客观规律，这就没有万事万物。这也就是大学里讲的"明明德"。格物就是去掉欲望，留下本心。

朱熹的格物和阳明先生的格物不一样，朱熹的格物是对具体事情格物，有欲望遮挡，很难看清客观规律；而阳明先生的格物是格自己的内心，没有欲望遮挡的认知就是客观规律。所谓的诚意就是百分之百去掉内心的欲望和杂质，再用本心去看待这个世界。

你有多少困惑，就是你的心被多少欲望蒙蔽，要做到发挥光明的德行，只能诚心诚意地下功夫，也就是格物。

吵架之所以让人气愤，是因为对错心包裹了本心；做事的时候欲望强烈，那是得失心包裹了本心。

修身的起步是修心，心决定了认知，认知决定了注意力，注意力决定了行为和选择，行为和选择决定了命运，这就是阳明先生的心理学。

【案例1】

以单亲家庭为例，都说单亲家庭的孩子苦，但有的家庭虽然不是单亲家庭，父母却天天吵架甚至大打出手，或者冷漠相处、压抑情感，这样的家庭并不比单亲家庭好。

没有家庭是完美的，再好的家庭出来的孩子对家庭也会有抱怨，再不好的家庭也能培养出健康的孩子。那这到底是家庭的问题，还是孩子的认知问题？

任何好的家庭，孩子认知不正确，都会活在阴暗里；任何不幸的家庭，孩子认知正确，也可立志并产生觉悟。

错误的认知都是因为我们的本心之外被包装了欲望和贪婪，太过于依赖父母，这时心就变成了依赖心。如果依赖父母能给我面子，依赖父母能给我安全感，以至于父母一旦离婚，或者父母吵架，我就没有安全感了；父母破产了，家里没有钱了，我在朋友之中就没有面子了。一定要明白一件事：我们想要的一切都是要靠自己创造的，而不是靠自己的家庭。这样，人才能有力量。

我一直告诉我儿子一句话："你一定要知道，我们可以养活你，但你的面子、你的尊严、你的安全感要靠你自己去创造，如果你要依靠父母给，那别人一定会笑话你。"

孩子的正确认知是什么？是父母离婚了，但父母还是你的父母，他们只负责养活你，其他的需要你自己去创造。

世上只有妈妈好，不是妈妈不做坏事，不是妈妈不犯罪，不是妈妈有时候可能会卖掉我们。正确的认知是，妈妈生养了我们。如果还想要妈妈完美、体贴、大度、智慧、美丽，这就是贪念。不要对父母有太多的期待，父母不是神，不会集能力和德行于一体。

【案例2】

我周围有很多离婚的女性，她们再找对象时，会降低很多自己的择偶标准，甚至害怕自己找不到对象。我就问她们："在你没结婚的时候，你会不会有这些担心呢？"她们都说不会。我又问："那你现在为什么会担心呢？"

其实，这种担心都是因为我们的心被种种东西包裹着。在结婚之前，是一颗得到之心，天天想的都是要得到一个什么样的男人，一定要找到一个最适合自己的男人；再婚时，这个女孩的心又变成了一个失去之心，想的是我都离过婚了，他会不会嫌弃我。

　　但如果你把这些得失都抛弃，只用本心去看待问题，你就会发现，女人最珍贵的是你本身，而不是经历，值不值钱在你自身，而不在于你是否经历过婚姻。这个问题想明白，你永远是被男人追求的女人，永远有选择男人的权利。

　　要知道我们每个人最值钱的地方，就是自己的那颗本心。如果能修炼出来一颗清净纯粹的心，那你看待问题就会变得智慧通透。

2-4
别人伤害了我怎么办

如果我不在意别人的态度,
那别人怎样都不会伤害到我。

—— 想要做到这一点,首先要强大自己。

爱问:"先生以'博文'为'约礼'功夫,深思之未能得,略请开示。"

先生曰:"'礼'字即是'理'字。'理'之发见可见者谓之'文','文'之隐微不可见者谓之'理',只是一物。'约礼'只是要此心纯是一个天理。要此心纯是天理,须就'理'之发见处用功。如发见于事亲时,就在事亲上学存此天理;发见于事君时,就在事君上学存此天理;发见于处富贵贫贱时,就在处富贵贫贱上学存此天理;发见于处患难、夷狄时,就在处患难、夷狄上学存此天理。至于作止、语默,无处不然,随他发见处,即就那上面学个存天理。这便是'博学之于文',便是'约礼'的功夫。'博文'即是'惟精','约礼'即是'惟一'。"

—— 【译文】

徐爱问:"'博文'是'约礼'的功夫,我想了很久,没有想明白,请先生开导一下。"

先生说:"'礼'就是道理的'理','理'表现出来被人看见就是'文字'的

'文'，每一个文字里面都隐藏着看不见的'理'，'道理'的'理'和'礼节'的'礼'是一个东西。'约礼'就是指心至纯至精的天理。要做到这点，就要在天理作用的形式和现象上下功夫。比如，用在侍奉亲人上，就在侍奉亲人上存养天理；用在侍奉君王上，就在侍奉君王上存养天理；用在富贵贫贱时，就在富贵贫贱时存养天理；用在顺境逆境时，就在顺境逆境时存养天理。无论是行动、静止，还是说话、沉默，没有不是这样的，随时都要存养天理。这就是'博学之于文'，也就是'约礼'的功夫，要广泛地存养天理，就是为了达到至纯至精的天理；儒家思想里的'约礼'就是求得天理的统一和完整，因为天理只有一个。"

"博文""约礼"都是为了存养本心。

"博文""约礼"出自《论语》："君子博学于文，约之以礼。"意思是君子通过博学学习各种文字，约之于礼。"礼"就是道理的"理"，是客观规律，出成文字就是"文"，"博学"就是学习书上的文字，感悟文字背后渗透出来的客观规律，按照这个规律去做事，就是遵守规矩。

一个君子应该多学习文字，用文字的道理约束自己的行为，按照规矩来做事。很多学者读了很多东西，学了很多东西，有时候能约束，有时候却破坏规矩，一旦破坏了规矩，就被叫作衣冠禽兽了。还有一些人，在别人面前展示的是博学，能约束自己的行为，最后被发现是道貌岸然的人。

于是出现了三种人：第一种是衣冠禽兽，第二种是道貌岸然的人，第三种是真小人。这些人都没有按照客观规律约束自己。

其实，我们大部分人都想做好人就是做不到，为什么？因为我们有欲望。而阳明先生指的道是，君子广泛读书没有问题，但是读书的目的不是让我们装成君子，而是在心里存养一点天理，读一点书心里多一点天理，越存纯度越高，越接近圣人。

我们读书的目的不是考大学，不是给别人看，也不是包装自己，是用来存养天理，增长智慧。当存养天理到达一定程度，自然就会孝顺、仁义了，这时候就不是强行用文字规定了，而是发自内心做出来的。存养天理产生了自觉和觉悟，就会自动遵循规律，也和书本上的文字相符合，这就是道法自然，也是知行合一。

我们的孩子读书是存养天理，我的二十一天共修营课程里的觉知感悟也是存养天理，每天存养一点，不要小看二十一天，二十一天之后会发现全新的自我。

所以，无论富贵，还是贫贱，都要存养本心；无论顺境，还是逆境，我们都要存养本心；无论是世道好，还是世道不好，我们也要保持纯净的心。

【案例1】

网上有一段话特别火——寒山问拾得：世间有人谤我、欺我、辱我、笑我、轻我、贱我、骗我，如何处治乎？拾得曰：只是忍他、让他、由他、避他、耐他、敬他、不要理他，再待几年你且看他。

这段话给人带来特别清高的感觉，尤其是最后一句话，"再待几年你且看他"，好像是在等别人遭报应，特别解气，这是一种负面的认知窗口。

我们还可以有另一种正面的认知窗口：世间有人谤我、欺我、辱我，都是我想太多了，我哪有那么多受不了的？都是我执着罢了。忍他、让他、由他这是修行。几年后再看他，不管他遭不遭报应，我的眼光、视角变了，别人对我的态度我不在意了，那别人怎样对我，我都不会有感觉了，那个时候也就真正解脱了。

这就是，面对同样的问题，不同的心有不同的认知，存养好本心才能提高认知水平，才不会有那么多负面的认知。

【案例2】

别人对你的评价，一文不值；别人给你的建议，重若千金。这句话你能听懂吗？

其实，别人说的话，我们听到的是评价还是建议，都是由我们的这颗心决定的。

如果我们有对错之心，那听到的全是评价；如果我们有目标之心，那听到的全是建议。如果我们只关注自己，那听到的全是评价；如果我们只关注规律，那听到的全是建议。如果我们没有自信，自我怀疑，那听到的全是评价；如果我们不卑不亢，那听到的全是建议。

善言令自己膨胀，恶言令自己刺痛，愚蠢的人会把别人的话都当作评价，而智慧的人会把别人的话都当作建议，有用就吸纳，没用就放在一边，也就能活出"有则改之，无则加勉"的精神境界。

2-5

为什么现在有很多文凭高、人品差的人

因为我们学习只是为了应付考试、进好的学校、挣更多的钱，而不是用来约束自我的品行，人品并没有提升。

—— **阳明先生在这段谈论到了出发点的问题。**

爱问文中子、韩退之。

先生曰："退之，文人之雄耳。文中子，贤儒也。后人徒以文词之故，推尊退之，其实退之去文中子远甚。"

爱问："何以有拟经之失？"

先生曰："拟经恐未可尽非。且说后世儒者著述之意，与拟经如何？"

爱曰："世儒著述，近名之意不无，然期以明道，拟经纯若为名。"

先生曰："著述以明道，亦何所效法？"

爱曰："孔子删述《六经》，以明道也。"

先生曰："然则拟经独非效法孔子乎？"

爱曰："著述即于道有所发明，拟经似徒拟其迹，恐于道无补。"

先生曰："子以明道者，使其反朴还淳而见诸行事之实乎？抑将美其言辞而徒以饶饶于世也？天下之大乱，由虚文胜而实行衰也。使道明于天下，则《六经》不必述。删述《六经》，孔子不得已也。自伏羲画卦至于文王、周公，其间言《易》如《连山》《归藏》之属，纷纷籍籍，不知其几，

《易》道大乱。孔子以天下好文之风日盛,知其说之将无纪极,于是取文王、周公之说而赞之,以为惟此为得其宗。于是纷纷之说尽废,而天下之言《易》者始一。《书》《诗》《礼》《乐》《春秋》皆然。《书》自《典》《谟》以后,《诗》自《二南》以降,如《九丘》《八索》,一切淫哇逸荡之词,盖不知其几千百篇。《礼》《乐》之名物度数,至是亦不可胜穷。孔子皆删削而述正之,然后其说始废。如《书》《诗》《礼》《乐》中,孔子何尝加一语?今之《礼记》诸说,皆后儒附会而成,已非孔子之旧。至于《春秋》,虽称孔子作之,其实皆鲁史旧文。所谓'笔'者,笔其书;所谓'削'者,削其繁,是有减无增。孔子述《六经》,惧繁文之乱天下,惟简之而不得,使天下务去其文以求其实,非以文教之也。《春秋》以后,繁文益盛,天下益乱。始皇焚书得罪,是出于私意,又不合焚《六经》。若当时志在明道,其诸反经叛理之说,悉取而焚之,亦正暗合删述之意。自秦汉以降,文又日盛,若欲尽去之,断不能去,只宜取法孔子,录其近是者而表章之,则其诸怪悖之说亦宜渐渐自废。不知文中子当时拟经之意如何,某切深有取于其事,以为圣人复起不能易也。天下所以不治,只因文盛实衰,人出己见,新奇相高,以眩俗取誉,徒以乱天下之聪明,涂天下之耳目,使天下靡然,争务修饰文词,以求知于世,而不复知有敦本尚实、反朴还淳之行。是皆著述者有以启之。"

——【译文】

徐爱请教阳明先生,王通和韩愈谁更厉害。

先生说:"韩愈在诗词上有成就,王通是隋朝的大儒,大家从诗词上看就觉得韩愈好,实际韩愈远远比不上王通。"

徐爱说:"王通曾经仿作过经书吧?"

先生说:"仿作经书也不能完全否定他吧?后代很多儒生也会做这事呀。"

徐爱说："后代儒生编著经典，不排除也有私心，但他们的主要目的还是阐明圣道学说，仿作经书却是完全为了追求名利。"

先生说："为了阐明圣道而写书应该遵循什么原则呢？"

徐爱说："应该遵循孔子删改编辑《六经》的方法，孔子的目的就是为了阐述圣道。"

先生说："孔子删减前人的学说阐明圣道，王通删减孔子的学说阐明圣道，不是一样的吗？"

徐爱说："编著圣书阐明圣道是有所贡献，但仿作经书是混淆真假，恐怕对圣道没有贡献吧。"

先生说："你以为阐明圣道是为了用在实践里？还是用华美的词句吸引眼球？现在社会混乱就是因为有太多空谈而不实践的人。孔子删减编著《六经》是不得已而为之，在《易经》之前就有诸如伏羲、周文王、周公、《连山》《归藏》等，都在追求华美的辞藻，非常混乱，不利于学习，后来又有很多著作，孔子进行了严格的删减，重新编著以后，才恢复圣道本身的面貌。现在的《礼记》多为后世儒生加入的言论，已经不是孔子删减后著作的原本。都说《春秋》是孔子的著作，实际是鲁国史官记载的原文，是孔子抄录下来的，只是删减了杂乱，没有增加内容。孔子删减《六经》至简，是为了不让华丽的词汇妨碍儒生探究本质。《春秋》之后，华丽的书籍遍布，秦始皇害怕天下大乱，焚书坑儒犯下了大罪，错就错在烧毁了《六经》。其实，秦始皇的目的也只是为了烧毁华而不实的书，与孔子删改《六经》的初衷一致。秦汉以后，虚浮的风气又兴起，想要彻底铲除是没有办法的。只能效仿孔子编著类似《六经》这样的学说，并发扬光大，从而让其他学说消亡。我不知道王通仿作的初衷是什么，但我认为是可行的。天下之所以这么乱，就是因为大家都在追求吸引眼球华而不实的学问，而不去探知圣道真谛付诸实践，这些都是被那些所谓的阐述经典的学者带起来的。"

阳明先生这一段话总结来说就是三点：

第一，著作阐述的道理必须简单易懂。

第二，这些道理不能唤起我们更大的人欲。

第三，这些道理能否符合客观大道，也能用于实践。

讲圣道是为了用在实践里帮助人们解决生活难题，但现在有些人讲圣道只是为了博取流量，上到秦始皇，下到人生大道，讲得还特别好，特别激愤，但在生活里一个都用不上。

毛泽东同志说"去粗取精，去伪存真"，圣书也应该如此，不追求华丽的辞藻，不带偏人性，用最简洁的话来讲述圣道。

就像你们跟我学习《传习录》，我不是为了增加人气和流量，而是让你们学会了运用到生活里去解决自己的难题。

至于说虚浮的风气无法铲除，是因为有利益的地方就有人欲，从古至今，总有人为了得利要去做这样的事情。

我们说学习儒家学说是为了解放思想，这个解放思想的核心是什么？

1.解放思想就是大道至简，让思想得到升华。

2.解放思想是人性回归淳朴，而不是欲望丛生；是在天理上得到满足，而不是在人欲上得到满足。

3.解放思想是为了找到一条符合客观规律的路，能成事，能成人。

【案例】

现在很多地方要求学习传统文化，孩子学习《论语》是为了涨分，家长学习《论语》也是为了帮助孩子涨分，那么大家的目的就只是为了涨分，忽略了《论语》《道德经》这些传统文化带来的思想本质的用途。

当这些传统文化变成了文化课的考题，那大家的重心就在于怎么把这道题做好得高分，而不会理解这些学问并用到实践上，慢慢就变成了嘴巴文化，嘴上一套一套的，德行却没提升。

越来越多的孩子，做题是能手，做人却不会，责任在哪里？在家长。家长只管能不能在考试的时候交出答案，而不在意孩子是否理解了圣人之言。

达摩说"舍本逐末"，学习儒家学说不是为了应付考试，学好国学做好人才是本质，之后才是做好题，只有这样才能培养出德行和成绩同样优秀的孩子。

2-6
无欲无求是对的吗

无欲无求不是没有所求,而是对结果不执着。

—— 关于七情六欲有这么一段话:

"克己须要扫除廓清,一毫不存方是;有一毫在,则众恶相引而来。"

澄曰:"好色、好利、好名等心,固是私欲,如闲思杂虑如何亦谓之私欲?"

先生曰:"毕竟从好色、好利、好名等根上起,自寻其根便见。如汝心中决知是无有做劫盗的思虑,何也?以汝元无是心也。汝若于货、色、名、利等心,一切皆如不做劫盗之心一般,都消灭了,光光只是心之本体,看有甚闲思虑?此便是'寂然不动',便是'未发之中',便是'廓然大公'。自然'感而遂通',自然'发而中节',自然'物来顺应'。"

—— 【译文】

"克制自己的私欲,清除干净,不能留下丝毫;如果有一点私欲在,各种恶就会蜂拥而来。"

陆澄问:"好色、好利、好名等都是私欲,但闲思杂虑怎么也能叫私欲呢?"

先生说:"闲思杂虑都是从好色、好利、好名等私欲上引发出来的,从根源上找就能看到其本质。就如你心里确定是没有抢劫、盗窃的想法,为什么呢?因为你心里根本没有这些想法。如果你的好色、好利、好名等私欲,都像心中不去抢劫、盗窃的想法一样,都消灭干净了,只剩下了本心,你还会有什么闲思杂念吗?这就是心宁静不动,也就是未发之中,也就是大公无私。自然就能感悟到万事万物,自然能达到中正平和的状态,自然也能顺应万事万物的天理应付自如。"

我们很多的情绪都来自我们的私欲。

我们好色,喜欢一个女孩得不到,就愤慨,这种愤慨就是好色引发出来的;我们好利,又得不到利,我们就会焦虑,这种焦虑就是好利引发出来的。所以这些闲思杂虑其实都是我们对好色、好利、好名的执着产生的。

如果去人欲存天理到一定程度,心中没有了私欲,干干净净的,我们就活在了本性里,活在了明镜里,就不会有闲思杂虑,也就达到了未发之中的状态,在这个状态下就能顺应本心应对自如。

佛家将人的欲望分成了八苦:生、老、病、死、求不得、怨憎会、爱别离、五阴炽盛。

1.生苦。求不得不生,就算你不想生在这里也会生在这里,总概念就是让一切的东西都去发生,想重生生不了,生不如死。

2.老苦。求不得青春,比如叫我大叔我不高兴,得叫我哥哥。当我们不承认自己老的时候就已经老了,年轻人从来不追求这个。

3.病苦。求不得健康,身体机能衰退,一身的毛病,想要健康而得不到。

4.死苦。求不得永生,历史上很多皇帝一辈子都在求永生。

5.求不得苦。你想要的东西得不到苦,你想要的人追不到苦。条条大路通罗马,在通往罗马的路上对成功的执着也是苦。欲望越强烈,得不到的东西越多,就越苦。

6.怨憎会苦。求不得解脱。"不是冤家不聚头",简单来说,就是不喜欢的东西、不喜欢的人。见面就吵架的父母,见到就烦的丈夫,见到就苦恼的孩子,这些赶不走的都是怨憎会苦。也是修身里的第二层和众,和众的修身即去怨憎会。

7.爱别离苦。求不得团聚。生死离别、青春丧偶、老年丧子都是。夫妻分居两地,想在一起是天理,太想在一起就会受苦,放不下的前男友、前女友,也是爱别离苦。

8.五阴炽盛苦。五蕴皆空,五蕴是色、受、想、行、识,"色"是我看到的世界,"受"是我感受到的世界,"想"是我想到的世界,"行"是我的行为,"识"是我的认知习惯。我们对这些过于固执和执着,就会产生痛苦。想看的看不到,做了很多事最后失败了等,这些都是五阴炽盛苦。

由此可见,佛教将人欲剖析得更透彻,所有的苦都是来自私欲,我们没有私欲就没有痛苦。

【案例1】

学员问:"无欲无求对吗?"

答:无欲无求是对的,但普通人容易误解。

无欲无求不是没有所求,比如我从北京到罗马,罗马是目标,目标是明确的,但我在路上活一个无欲无求的境界。

有欲有求都是果,既然我已经明确了去罗马的目的,罗马是我的方向,那当下我就不追求去罗马的果,我种去罗马的因。我不求果,而去种因,这就是无欲无求。

放在农民种地上来说,种地的时候不要执着于秋天能收成多少，只需要认认真真地选种子，认认真真地耕地，认认真真地施肥、浇水，认认真真地做每件事，每一个当下都是在种因，只要认认真真地按节奏和方向走，最后自然会收获果。

【案例2】

学员问："我太爱面子，别人要求我帮助，我是有求必应，让自己很累，有时候还会受累不讨好，请问我该怎么学会拒绝？"

答：我们来说下什么样的人拒绝不了别人：

第一种人是很爱面子，比如你们当着所有人的面让我回答问题，我就不好拒绝，因为很多人看着，我害怕这群人对我有看法；

第二种人是觉得自己没有资格拒绝，这种可能是从小养成的性格；

第三种人是害怕拒绝以后，与之相处起来会感觉尴尬；

第四种人是把拒绝和情义挂钩，认为拒绝就是不讲义气，其实拒绝和义气是两回事，但很多人当成了一回事，混淆以后会就无法拒绝；

第五种人是想象了太多拒绝以后别人痛苦的场景。

以上这些全都是人欲，也就是说让你拒绝不了别人，内心非常痛苦的原因，都来自你的人欲。

也许你认为自己就是第一种爱面子的人，但不一定是真的，要事上练，先把爱面子放下，你发现自己还是无法拒绝，那就继续找，找着找着，说不定能找出要你命的人欲。

第一步，通过事上练找到自己真正的人欲；第二步，去除这个人欲；第三步，尝试拒绝别人，渐渐游刃有余。

2-7
为什么教方法的书会特别火

因为我们可以用这些方法来获利，
从而满足我们自己的欲望。

—— 徐爱就这个问题也问过阳明先生。

爱曰："著述亦有不可缺者，如《春秋》一经，若无《左传》，恐亦难晓。"

先生曰："《春秋》必待《左传》而后明，是歇后谜语矣。圣人何苦为此艰深隐晦之词？《左传》多是鲁史旧文，若《春秋》须此而后明，孔子何必削之？"

爱曰："伊川亦云：'《传》是案，《经》是断。'如书弑某君，伐某国，若不明其事，恐亦难断。"

先生曰："伊川此言，恐亦是相沿世儒之说，未得圣人作经之意。如书'弑君'，即弑君便是罪，何必更问其弑君之详？征伐当自天子出，书'伐国'，即伐国便是罪，何必更问其伐国之详？圣人述《六经》，只是要正人心，只是要存天理、去人欲。于存天理、去人欲之事，则尝言之。或因人请问，各随分量而说，亦不肯多道，恐人专求之言语。故曰'予欲无言'。若是一切纵人欲、灭天理的事，又安肯详以示人？是长乱导奸也。故孟子云：'仲尼之门，无道桓、文之事者，是以后世无传焉。'此便是孔门家法。世儒只讲得一个伯者的学问，所以要知得许多阴谋诡计。纯是一片功利的心，与圣人作经的意思正相反，如何思量得通？"因叹曰："此非达天德者，未易与言此也！"

又曰："孔子云：'吾犹及史之阙文也。'孟子云：'尽信书，不如无书。吾于《武成》取二三策而已。'孔子删《书》，于唐、虞、夏四五百年间，不过数篇。岂更无一事？而所述止此，圣人之意可知矣。圣人只是要删去繁文，后儒却只要添上。"

―― 【译文】

徐爱说："也有著作不可缺少吧，比如《春秋》，如果没有《左转》注解，恐怕后人也很难理解吧。"

先生说："《春秋》讲的是大义，如果必须有《左传》注解才能读懂，那就成了歇后语了。圣人为什么要写这么难懂的文章呢？其实《左传》大多是鲁国历史的原文，如果《春秋》一定要看《左传》才能读懂，那么孔子为什么要删减著作《春秋》呢？"

徐爱说："程颐也说过：'《左传》是案子，《春秋》是对案子的裁判。'比如，《春秋》记载了杀了某个君王，讨伐了某个国家，如果不知道原委，恐怕也很难做出判断。"

先生说："程颐先生这句话，恐怕也是用了以前儒生的说法，没有真正领悟圣人写这些文章的用意。比如，记载杀了某位国君，杀国君本来就是重罪，为什么需要知道杀害国君的来龙去脉呢？讨伐某个国家是君王的决定，诸侯擅自讨伐了某国本来就是犯罪，为什么需要知道详情呢？圣人著写《六经》，目的只是要匡正人心，存养天理，去人欲，这些事情孔子早已说明。如果有人请教，就再说说，也不会说太多，担心大家只关注了表面的言语，而忽视了实质，所以圣人说要沉默。如果是放纵人欲、泯灭天理的事情，又怎么可能详细记录展示给后人呢？如果详细记录下来，那不是教会后人去做坏事吗？所以孟子说：'孔子的徒弟们没有记录齐桓公、晋文公侵略的事情，就没有流传下来。'这就是孔子的家法。后世的学者只想钻研有用的学问，所以想知道更多的阴谋诡计，完全是出自功利心，与圣人的初衷相反，怎么能接受呢？"先生感叹说："除非是天资高的人，不然很难和他们说明白这些。"

先生又说："孔子说：'我曾经记录不完整的历史。'孟子说：'完全相信《尚书》，不如没有《尚书》，我只从周武王和成王的史记里取一些看而已。'孔子删减《尚书》，尧、舜、夏四五百年历史只留存了几篇，难道其他事情就不值得记载？但就只记录了这些，圣人编著的目的显而易见。圣人只是删去烦琐杂事的文字，可后世学者却硬要添加华丽的修饰。"

我们会发现我们喜欢的书和电视都有共同点。

《左传》是讲历史、讲故事、讲情节，很容易读，就像我们喜欢看电视剧，因为电视剧有情节，有跌宕起伏，有爱恨情仇。《甄嬛传》把坏人做坏事的过程讲得清清楚楚，很多人就特别喜欢看，因为我们在看的时候能满足我们的人欲。

如何骗银行的钱不用还，如何逃税不被抓，为什么这些干坏事的素材特别火？也是因为学了这些旁门左道的方法，就能满足自己的人欲。

而圣人的著作不是这样的，孔子的初衷是匡正人心，教人怎么去人欲存养天理，是不会记录做坏事的过程、教人怎么去干坏事的，这些做坏事的方法被称为"术"。所以，《春秋》讲的是儒家道理，儒家思想讲究有序，需要保护组织的和谐稳定，而杀害君王、破坏社稷本就是破坏组织的事，是错误的，不需要赘述细节。

我们学习圣人的学说，是为了能达到去人欲、存养天理的目的，不需要学会尧舜的细节，也不需要了解背后的技巧，只要感悟到圣人的大道，去实践中运用，事上练即可。

【案例】

以前我参加过一个培训，是教人怎么一分钱不花提宝马，还能从银行得到二三十万存款。

现场那些没钱的人，觉得不花钱又能开宝马，又能有存款，太神奇了，就踊跃报名参加这个培训。这个方法表面满足了他们的人欲，实质是什么？实质是你贷款买了宝马，违约后又欠了银行一屁股债。

这个社会有太多人都想学做坏事不被逮到的方法，最后都被这些方法骗了。

2-8
教育孩子的本质是什么

父母正向的言传身教。

—— 徐爱问到阳明先生这个问题：

爱曰："先儒论《六经》，以《春秋》为史，史专记事，恐与《五经》事体终或稍异。"

先生曰："以事言谓之史，以道言谓之经。事即道，道即事。《春秋》亦经，《五经》亦史。《易》是包牺氏之史，《书》是尧、舜以下史，《礼》《乐》是三代史。其事同，其道同，安有所谓异？"

又曰："《五经》亦只是史。史以明善恶、示训诫。善可为训者，特存其迹以示法。恶可为戒者，存其戒而削其事以杜奸。"

爱曰："存其迹以示法，亦是存天理之本然。削其事以杜奸，亦是遏人欲于将萌否？"

先生曰："圣人作经，固无非是此意，然又不必泥着文句。"

爱又问："恶可为戒者，存其戒而削其事以杜奸。何独于《诗》而不删郑、卫？先儒谓'恶者可以惩创人之逸志'，然否？"

先生曰："《诗》非孔门之旧本矣。孔子云：'放郑声，郑声淫。'又曰：'恶郑声之乱雅乐也。''郑卫之音，亡国之音也。'此是孔门家法。

孔子所定三百篇，皆所谓雅乐，皆可奏之郊庙，奏之乡党，皆所以宣畅和平，涵泳德性，移风易俗，安得有此？是长淫导奸矣。此必秦火之后，世儒附会，以足三百篇之数。盖淫泆之词，世俗多所喜传，如今间巷皆然。'恶者可以惩创人之逸志'，是求其说而不得，从而为之辞。"

——【译文】

徐爱说："先前学者在讲述《六经》的时候，把《春秋》当作史书，这恐怕和《五经》里的内容不太一样。"

先生说："记事就是史书，把过去的事实记录下来就是历史，读历史的人是用来感悟天道的，所有历史都是对天道感悟的经典。事实就是天道的呈现，天道是导致事实的本质。以此来看，《春秋》也是经书，《五经》也是史书。《易》是伏羲氏时的史书，《尚书》是唐尧、虞舜以后的史书，《礼》和《乐》是夏、商、周的史书。它们都是史书，都讲的天道，怎么会有差异呢？"

先生又说："《五经》也是史书，史书是标明了善恶，总结了训诫的，可做经典的善事，特意保留了下来，来树立榜样；也记录了经典的恶事，用来警戒不要做坏事，只记录下总结，删除了具体恶行的过程，是为了杜绝坏事再发生。"

徐爱问："记录保存有榜样作用的事迹，是为了保存天理。删减恶劣行为过程，是为了遏制人欲萌芽吗？"

先生说："孔子编著经典著作的用意就是这样，但是不要太拘泥于语句，要理解它的内涵。"

徐爱又问："劣迹保存下来作为训诫，而删减掉具体过程以杜绝模仿，按照这个原理，那为什么不删除《诗经》中《郑风》《卫风》呢？朱熹先生认为记录坏事可以惩戒人的贪图安逸，是这样吗？"

先生说："现在的《诗经》已经不是孔子删减的版本了。孔子曾说郑国的音乐淫荡浮逸要禁止，也说过郑国淫靡的音乐扰乱了纯正典雅的音乐。郑国、卫国的音乐都是亡国之音。这是儒家门派严格的规范。孔子所定的《诗经》三百篇，都是纯正典雅的音乐，都可以在祭祀天地祖先时演奏，也可以在乡村演奏，因为这些音乐都表现出了和平、宁静、优雅的情怀，具有存养品性的作用，怎么可能会有《郑风》《卫风》呢？这些靡靡之音只会助长歪风邪气。这是秦始皇'焚书坑儒'以后学者为凑足三百篇而加进去的。可能是淫逸的辞藻民间很多人喜欢传唱，现在的街头巷尾还在传唱。至于记录坏事可以惩治人的贪图安逸这种说法没有得到解释，并不知道是不是这样的意愿。"

圣人著作只记录好事，和教育孩子是一个道理。

古代经典的著作实际都是讲的当时的客观规律，客观规律就是客观事、客观结果和人们的主观思想策略，形成了天地人合一的规律。

行善的人不吸引眼球，行恶的人吸引眼球，吸引眼球的是人欲。现在有些电视剧详细描述了作恶的过程，无论男女之间，还是人际关系，还是犯罪，这种描述特别吸引眼球，特别多人看。

比如，《古惑仔》这部片子把古惑仔行动的过程放大，增强了视觉效果，结果是美好的，但孩子会受影响。可能看《古惑仔》长大的孩子学会了抽烟、喝酒、打架，看宫斗戏长大的孩子把宫斗用在了办公室，用在了夫妻之间，我们越是看负面的信息，越会唤醒负面的能量。

人性就是这样，越色情、越奸邪的，越放大人欲的，越有市场。

很多人学习也不是为了自我德行，而是学了能不能挣钱，学了能不能得到自己想得到的东西。

还有很多人喜欢抱怨时代，但明朝远不及我们现在这个时代好，阳明在那个时代也能成为圣人。其实我们只需要按照客观规律办事，在任何环境里都能成事。

【案例】

教育是什么？教育就是父母每天关注什么，传递给孩子的就是什么。

在教育孩子上，父母最大的人欲是恐惧和抗拒，抗拒他打游戏，害怕他废掉，害怕他沉迷游戏，害怕他早恋……其实，早恋也挡不住，网吧也禁不了，手机也戒不掉，我们总是抱怨时代的现象，不去看现象后面的本质。

就手机来说，我总给我孩子说，我不限制你用手机，但我限制你手机的内容。无论是网吧还是手机，其实有问题的都是内容。

看电视也一样，跟妈妈一起看宫斗剧，还是跟爸爸一起看算计陷害的电视剧？父母关注的东西即孩子关注的东西，父母如果总是看贪图享乐、做坏事的东西，那孩子的骄奢淫逸都会被唤醒。

我总是乐于让孩子和小朋友玩，出去锻炼身体，看到他们满头大汗也会很高兴，这就是让孩子参与存养内心和存养能量的活动，孩子长大以后才会有正向乐观的认知。

2-9
怎么才能阻止别人做坏事

不要讨论对错，要从因果来分析，
种坏的因必将得坏的果。

—— 人做坏事都是因为有欲望。

阳明先生和学生有这么一段对话：

"'虚灵不昧，众理具而万事出。'心外无理，心外无事。"

或问："晦庵先生曰：'人之所以为学者，心与理而已。'此语如何？"

曰："心即性，性即理，下一'与'字，恐未免为二。此在学者善观之。"

或曰："人皆有是心，心即理。何以有为善，有为不善？"

先生曰："恶人之心，失其本体。"

—— 【译文】

先生说："让心灵空虚而智慧，所有的道理都会呈现出来，人的本心之外没有天理，也没有事物。"

有人问："朱熹先生说：'人之所以做学问，就是人心和天理。'对吗？"

先生说："心就是性，性就是天理，中间加一个'与'字，恐怕是把心和理一分为二了吧，这需要学者善于体会。"

有人问："人人都有本心，本心就是天理，可为什么有的人表现出来是善，有的人表现出来是恶呢？"

先生说："作恶的人是失去了本心。"

阳明先生说，作恶的人是被人欲遮蔽了本心。

"心即理"，有两层意思：一是心的存在是客观现实，二是心感悟到的天理也是客观所为。

当我们的心如明镜台，照见的就是客观的本真，客观的本真讲出来就是天理。

本心就是本性，本心是良知心状态，感悟出来的就是客观规律，心与理一致，是真正的没有分别心。分别心指是"我"和"我"以外的。

没有分别心，就是"无我"的状态，比如大局观，不是真正的没有我，而是把自己放进了大局来考虑问题。

虽然每个人都有本心，但当我们的本心外面包裹了人欲，本心就会被人欲遮蔽。有的人为了满足自己的人欲，就可能会做出恶的事情，损害到别人的利益，甚至生命。

【案例】

学员问："儿子已婚，有一个女儿，在外面找了第三者，还要跟妻子离婚，净身出户和第三者结婚，怎么劝都不听，甚至断绝母子关系都不听。儿子还是坚持要和第三者在一起，还说我过分干涉他的事情，不懂他的痛苦，不知道他想要什么。现在因为第三者无法接受小孩，儿子不打算再婚，但依然和第三者在一起，我该怎么劝他？"

答：首先要明白，儿子已经结婚，有家庭有小孩，独立生活了，母亲对儿子只有建议权，没有决定权。不管你的建议是对还是错，你的儿子都有不听的权利，因为决定权在你儿子身上。

你的痛苦来源于你想把建议权变成决定权，结果失败了，儿子不听从你的决定。

也就是说，你没有搞明白你跟你儿子家庭关系的顺序，跟客观现实冲突了。不要以为你是在帮助你的儿子，其实你是有人欲的，你的人欲就是操控你的儿子，让自己在儿子的生活中继续起到决定性的作用。

这种情况，你骂第三者、骂儿子、威胁断绝母子关系都是错误的做法。当你这么做的时候，儿子就认为你不理解他，对你很失望，一气之下也要和你断绝关系，导致你很痛苦，很伤心，跟你儿子的关系越来越疏远。关系越疏远，你的建议对他的影响就越弱，就越难达到你想要的结果。

从团队角度来说，儿子结婚以后跟妻子一个团队，现在跟第三者一个团队，你是团队外的人。如果你认为自己得为他好，那你可以劝，这是天理；劝了以后他不听，你生气、难受，这就是人欲。

劝了他不听很正常，团队里的事就像我们说的做企业——你做了一个企业，另一个企业的人跑来告诉你，不应该这样做，应该那样做，你是什么态度？你肯定不会听，还觉得别人管太多。

你儿子要跟第三者好，不可能只是第三者的勾引，你儿子身上肯定是有因果的，你儿媳妇身上也有因果，第三者肯定是满足了你儿子的某些人欲，他才会这样做。所以，记住你看问题的时候，不能用对错心看待，而要用因果去看待，才叫作致良知。

用因果看待问题：我虽然不赞同你出轨、离婚，和第三者在一起，但我理解你这么做肯定有因果。

这样最起码你还能跟儿子保持信任和连接，正如现在，你儿子开始动摇了，舍不得自己的女儿，第三者又不喜欢孩子，已经断了和第三者结婚的念头，这跟之前的坚持比较来看已经有所改变了。

时间和社会让你的儿子渐渐感悟到他的人生应该怎么选择才是正确的，如果你在他有这种感悟下再劝说他，他才会认同你，也才会把你的建议当成一个选项。

2-10

合作对象人品不行怎么办

既然是做事,就没必要去评判对方,
能成事就齐心协力,不成就各奔东西。

—— 阳明先生反复强调了存养本心的重要性。

问:"'析之有以极其精而不乱,然后合之有以尽其大而无余',此言如何?"

先生曰:"恐亦未尽。此理岂容分析?又何须凑合得?圣人说'精一',自是尽。"

"省察是有事时存养,存养是无事时省察。"

—— 【译文】

陆澄问:"用分析的方法可以让天理更精准不混乱,然后让理论更加丰富无所不含,这话对吗?"

先生说:"这话恐怕说得不透彻,天理怎么能分析呢?又怎么可能拼凑呢?圣人说的'精一'就是已经说尽天理了。"

先生还说:"反省和体察天理是有事情的时候存养天理,存养天理是没有事情的时候反省和体察天理。"

这段话就是说，存养好本心，按照本心去做事即可。

老子认为客观规律是一个混沌的存在，要认知什么就要为什么定名。一旦有名，认知就局限了。因为我们对这个世界只是不断地用眼睛看，用耳朵听，用身体去感觉，用舌头、鼻子等，但我们都无法真正感知客观大道。

阳明先生则认为，我们只要在良知心的状态下去认知客观世界，得到的都是客观大道。我们花力气去分析、创造、研究天理，不如花时间去人欲存天理，让我们的心回归到良知心的状态。

这里的"有事"是指有困惑、有问题，也就是当有困惑、有问题的时候，我们就要省察，省察的目的就是为了存养天理；当没有困惑、没有问题的时候，我们就要用自己的本心去感悟客观规律。

【案例1】

我经常会给做销售的人说：做销售一定要有目的，但是在做的过程里一定要放下目的。因为一定要把一个东西卖给另一个人是不符合客观事实的。

我做销售的时候就有一种感觉，当我放下一定要成功交易的执念，一心为他的利益着想时，他也会感觉产品能为他创造价值，他就会购买。

一定要把东西卖出去，是我们的诚意，有了诚意才会有力量；但在做的时候，需要按客观规律卖。

每个人的行为方式是不一样，我的优势可能是物美价廉，你的优势可能是信任感，他的优势可能是人脉资源。最后，我们讲理，把产品卖给了讲理的人；我们讲情，把产品卖给了讲情的人，总归都有一个规律。我们卖不出去东西，是因为没有找到这个规律。

所以，我们要做好销售就要做到：事上练，向别人学习，向成功人士请教，反反复复去学习和改进，直到你找到法门，把东西卖出去。

【案例2】

学员问："我在医院工作，想调科室，需要找院长。节假日发发祝福可以，但登门求情感觉很为难。因为我不认为院长是德高望重的人，能让我登门求情的人应该是大德至善的人。去办公室找他估计又没戏。我该怎么办？"

答：首先，我们要分成事之道和人之道，你想调科室这件事是事之道，你认为院长是怎样的人是人之道。

我们对身边的人都会产生看法，这些看法决定了我们对这些人喜欢还是不喜欢。我们不喜欢一个人，难道事情就不做了吗？

在事情上不讲究喜欢不喜欢，只讲究怎么做才能达成结果。

1.院长有没有触碰你的底线？比如，他是否有违法，是否有触碰你为人的原则？

如果触碰了，那就不用谈了。如果没有触碰，可能是因为他的为人，他说话、处事、待人的方法你看不惯，这是正常的事情。这个世界上人人都可能是你看得惯的，也可能是你看不惯的。

2.找院长办的这件事，我该怎么才能达成呢？

你这是办事，不是拜师，不需要找一个德高望重的领导。你既然是办事，就没必要对领导的德行要求那么高，你只需要用办事的态度、办事的语言和办事的方法去跟领导相处，该拜年就拜年，该登门求情就求情，该干吗就干吗。

很多人就是这样，特别是有精神洁癖的人，在公司看不惯领导和同事，在家里看不惯丈夫和孩子，送孩子上学看不惯老师，跟朋友一起也看不惯朋友。

就像我说我能帮你挣钱，你说你不喜欢我，我又没让你去做违法的事情，也没让你做违背道德底线的事情，就因为我头发白一点你不喜欢，就不跟我合作了吗？

你既然是为了办事，就走事之道，没必要扯进人之道，你就只有一个目标，把事情办成就行。

你与其花那么多时间去评价别人，不如把时间留给自己，要么打坐静心修行，让自己快乐一点；要么就去奋斗、去挣钱，通过努力来达成自己的目标。

人人有欲望，就会人人有恶心，就会人人有这样那样的毛病，谁都跑不了。普通人的特点就是，欲望达不成的时候，控制不了自己就会做坏事，欲望达成以后，就不会做伤害别人的事，但可能欲望就是伤害自己的事。

欲望是形形色色的，人的特点就是形形色色，但你的标准是固定的，就注定你和大部分人是合不来的。所谓的"和众"就是修自己，来达到与大部分人能够和睦相处。

2-11
为什么有些人不讲道理

因为他们讲的都是满足他们需求的道理。

—— 阳明先生用一句话讲了这个问题：

"定者，心之本体。天理也。动静，所遇之时也。"

—— 【译文】

先生说："稳定不动就是心的本体，也是天理。动静的变化只是在不同的环境中不同的表现。"

很多时候我们看似在讲道理，其实并不是符合天理的道理。

天理就是客观存在+客观规律。心是客观存在的，也能感悟客观规律，所以也就是天理。

我们都会受环境影响产生人欲，本心一旦掺杂了人欲就变成了人心，人欲多的人看问题就肤浅，人欲少的人看问题就深刻，没有人欲的人是圣人。

圣人的标准就是没有人欲，每时每刻都符合客观规律，用客观规律指导生活。圣人少，贤人多，有人欲追求成为圣人的人就是贤人。

带有人欲是浮动的，今天喜欢吃什么，明天又不喜欢吃了，今天喜欢玩什么，明天又不喜欢玩了。而本心是不动的，本心没有目的性，本心只是一个客观存在。本心就像一面镜子，能够照见客观规律，并随着客观规律去走。本心相对于我们是动的，相对于客观规律是不动的。

我们站在自己的主观角度来看，"有我"心是动的；阳明先生站在客观规律系统的角度来看，"无我"心就是不动的，和佛教里的"如如不动"是一个意思。

天理和理性不一样，理性是用自己头脑里的对错，来管理自己的行为和思考问题；天理是客观存在+客观规律。

很多人把"理"理解为道理，我们的道理不能呈现出客观规律的全部，但是能呈现出客观规律的一部分，因为这部分能满足我们的人欲。

【案例1】

比如，我们去成都太古里，有人喜欢美食，就看见了很多吃的；有人喜欢看美女帅哥，就看到了很多俊男靓女；有人喜欢名牌，就看到了很多名牌店；有人喜欢玩滑板，就看到了很多孩子在玩滑板。

因为有了人欲，我们就只能看见自己想看见的，而看不到事物的全貌了。其他的也并没有消失，还是客观存在着，只是不在我们的眼里。

当你去掉人欲和主观认识，别想着看美食，别想着看小姐姐，把心静下来观察，这时候才能全面地认识太古里。

【案例2】

我做直播的时候，总有人来问是不是录播，是录播就不看。

他们为什么会这么反感录播呢？因为他们的人欲创造了一套自以为是天理的歪理：不管老师讲的有没有用，录播就是欺骗，就是老师在偷懒，如果看了录播就是傻子上了当。他们的人欲就是害怕被别人欺骗，害怕自己是个傻子。当一个人被人欲所蒙蔽，就看不到事情的本来面目了。

而事实是，如果老师讲的对我们有用，录播也可以听；如果老师讲的对我们没用，就算是直播也不需要听。这才是科学的态度，也是大家上直播课的目的。

2-12 为人处世的最高境界是什么

难得糊涂。

—— 阳明先生用很简短一句话道出了本质：

"蓍固是《易》，龟亦是《易》。"

—— 【译文】

先生说："用蓍草占卜是《易经》，用龟甲占卜也是《易经》。"

无论我们用什么方法，其实都只有一个目的。

所谓的用蓍草占卜是《易经》，用龟甲占卜也是《易经》，是说我们通过什么方式去探究是不重要的，探讨客观规律才是根本。

也就是说，无论你学佛家、道家还是儒家，都是为了追求天理，只要目的是一致的，那么通过什么方法并不重要。

【案例1】

以丈夫出轨为例，很多女人遇到丈夫出问题就乱了，弄不清楚自己想要什么样的结果。

如果妻子是对错心，就会骂丈夫，骂丈夫对不起自己，骂丈夫对不起家庭，丈夫这不好那不好，骂完以后对关系没有任何改进，反而丈夫感觉到自尊受损，情感疏远了。

如果是得失心，会想离婚了怎么办？没家了怎么办？忍吧，丈夫会继续出轨；不忍吧，又要吵架，会不会把丈夫往外推……太多担心让你不知道如何处理。

这时候你要放下丈夫出轨这件事，先问自己想不想要这个家。所谓的想要家，其实是想要一个家庭关系，要怎么做才能维持一段关系？

不要有私心，不要有批判，也不要去分对错，只问自己：我的目的是什么？我要怎么做才能达到我的目的？从而找出适合你们自己的解决办法。

【案例2】

学员说："在我的家庭里，父母关系比较复杂，很难修正自身的习性。同时，我哥哥对我也有怨言，因为我生活得比他好，为家庭贡献得更多，他觉得自己没有存在感。从现实上来讲，我应该先过好自己的日子，不要让原生家庭影响自己的小家。但从道义上来讲，我如果不孝顺父母，不为家庭做事，我又心里过不去。所以，我该如何平衡这种心态呢？"

答：对于你来说，孝顺父母中存在两个问题。
第一个问题是，父母关系比较复杂，导致你孝顺他们的过程比较累。

第二个问题是，你和哥哥的关系比较复杂，导致你在家庭里感到不舒服。

我们先来说第一件事，其实父母关系复杂和你没有关系，如果他们之间的复杂关系让你产生了烦恼，只能说明你参与到父母关系之中了。但孝顺这件事没有那么复杂，你只需要给他们尽一份心，他们生病了你去照顾一下，多回家看看他们就可以了，所以归根结底是你自己给搞复杂了，也许在你看来，你父母关系是复杂的，但可能这就是他们的相处方式。

你的人欲是你把对错心掺和进来了，总是想要评判父母之间谁对谁错，我建议你尽快走出自己的人欲，当你把人欲去掉，你就会发现，你不去参与他们之间的事，是最轻松也是最有效的解决方式。

接着我们来说第二件事，你觉得你哥哥对你态度不好，我觉得也有可能是你把一件事看得复杂了，到底是你哥哥对你有看法，还是你臆想出来的他对你有看法呢？其实我们人生最大的痛苦，都是源于我们把很多事想得太复杂。

无论是你和你父母之间，还是你和你哥哥之间，都不需要想那么多，你想要为父母尽孝，那你就尽，但不要去掺和他们之间的事，你只需要把自己应该尽的孝尽到就可以了。而对待你哥哥，你也不需要去想他对你的态度怎样，毕竟你孝顺父母和他没有任何关系，你只要对他有最基本的尊重就好了。

所以，总结来说，就是不要把注意力放在不重要的地方上，你的目的是孝顺，那就只需要把注意力放在孝顺这件事上。为人处世要简单化，很多时候，难得糊涂才是为人处世的最高境界。

2-13

为什么说实践是检验真理的唯一标准

因为能用的才是真理。

—— 阳明先生从音律的书来说明这个道理。

问《律吕新书》。

先生曰:"学者当务为急,算得此数熟,亦恐未有用。必须心中先具礼乐之本方可。且如其书说,冬用管以候气。然至冬至那一刻时,管灰之飞或有先后,须臾之间,焉知那管正值冬至之刻?须自心中先晓得冬至之刻始得。此便有不通处。学者须先从礼乐本原上用功。"

—— 【译文】

陆澄问先生怎么看《律吕新书》。

先生说:"儒家学者的当务之急,是要明白礼乐的根本,否则就算把律吕做得再好也没什么用。《律吕新书》中说,大部分人用律管来感受阴阳二气的变化。但是到了冬至那一刻,律管中的芦灰飞逝有先后,只是片刻之间的事情,怎么知道哪根律管中的芦灰正是冬至的时刻呢?必须心里先知道冬至时刻到了才行。这就有不能理解的地方了。所以,学者要从礼乐的根本上下功夫。"

书只是理论，只有实践才能掌握真正的规律。

《律吕新书》是由宋代蔡元定所撰，关于我国古代乐学理论的书。"律"，音律。

礼乐的根本就是客观规律，阴阳二气是在律管里吹的气。

阳明先生这段话的意思是，书中的理论都是对规律的固定化认知，我们按照固定化认知去做还不行，还要了解礼乐在现实中的变化规律。

不同的场合不同的时辰都有不同的客观规律，我们既要学习理论，也要去感悟在实践中的变化。

音乐是道的表达方式，表达方式再好也是匠人，而对道的理解才是根本，悟道了，才是大师。

也就是说，按照理论去做，并能做到完美的，是匠人；有了理论，还能把理论和实践中的感悟相结合的，才是大师。

看似说音乐，实则也是说我们人，有些时候学了很多理论和道理，以为用这些理论和道理推演出来的就是对的，可是再好的理论都可能会和现实脱节，所以理论必须和实践相结合，这也就是事上练。

【案例1】

比如教育孩子。我在上海的时候，各种教育孩子的方法特别多，国内国外的理论都有，看起来也特别有道理，就有很多家长去学习。

专家说什么，父母就去做什么，交了几十万，都没有学到真正能教好孩子的方法，最后还怒气冲冲地去责问专家。

专家之所以成为专家，是因为专家的办法在某些孩子上有效果，但父母不根据自己孩子的情况来制定策略，也不根据孩子的进展来改进策略，只是盲从专家，将那些方法生搬硬套在自己孩子的身上，自然也就不会有很好的成效。

教育孩子也应该事上练，专家的方法也需要放到孩子身上去印证，才能筛选和改进成为适合自己孩子的方法。

【案例2】

开餐厅也是个老生常谈的话题，很多地方很多人都在教我们怎么开餐厅，连百度搜索也能搜到很多经验。可是这些别人说的经验和理论真的就能让我们开好餐厅吗？答案是不能。

如果别人说奶茶好卖就开奶茶店，别人说烧烤赚钱就去卖烧烤，别人说吃火锅的人多就开了火锅店，如果别人说什么就做什么，那就等着倒闭吧。

现实是，我们需要深入市场调研，再结合自身的情况做选择。到底是做西餐还是中餐？是正餐还是小吃？是开在繁华却租金昂贵的街道，还是租金低但不太繁华的地段？这些问题都需要在实践里找到答案。

开了以后，想生意红火，那还得研究味道。自己认为的好吃不一定能畅销，只有大众认可的好吃才能畅销，这又需要多听别人的意见潜心改进。

只有这样一遍遍地在市场里实践，才能锤炼成大厨，开出口碑好的餐厅。

2-14

别人做了让我难过的事情怎么办

如果把自己的喜怒哀乐寄托在别人身上，
那注定情绪会被外界左右。

—— **向内求这个道理，阳明先生反复说到。**

问："道一而已，古人论道往往不同，求之亦有要乎？"

先生曰："道无方体，不可执着。却拘滞于文义上求道，远矣。今人只说天，其实何尝见天？谓日、月、风、雷即天，不可；谓人、物、草、木不是天，亦不可。道即是天。若识得时，何莫而非道？人但各以其一隅之见认定，以为道止如此，所以不同。若解向里寻求，见得自己心体，即无时无处不是此道。亘古亘今，无终无始，更有甚同异？心即道，道即天。知心则知道、知天。"

又曰："诸君要实见此道，须从自己心上体认，不假外求，始得。"

—— **【译文】**

陆澄问："道只有一个，古人在说道时却往往不同，求道也有要领吗？"

先生说："道没有方向和具体的形式，不可执着。如果拘泥于语句上解读道，反而离道会越来越远。现在人们讲的天，其实何尝认识天？所谓的日、月、风、雷是天，是错的；人、物、草、木不是天，也是错的。道就是天，如果知道到这点，那什么不是道呢？人偏要从自己的视角来看道，认为道只是这样，所以每个人认识的道不同。如果明白向自己的本心探求，认识了自己的本心，那无论什么时候、什么地方都是道。从古至今，无始无终，有什么不同的吗？心就是道，道就是天，认识了自己的本心就能认识道、认识天。"

先生又说："你们想要真的认识道，必须从自己本心上下功夫，不要向本心之外探求。"

■ **从这段能看出来，我们总是向外求，而忽略自己的心。**

道是没有方向的，人研究道有意念才有了方向；道也没有具体的形式，人看道的视角不同，对道的描述不同，就出现了不同形式。所以，我们想象的、我们看到的、我们描述出来的道都不是完全的道。

我们研究客观世界就是为了得到客观世界的规律，让我们做事更顺畅，还想利用客观规律来预测未来。

我们的本心就像明镜，每个人都有照见客观世界的能力。用我们的本心研究数学，得出来的就是数学之道；用我们的本心研究物理，得出来的就是物理之道；用我们的本心研究家庭，得出来的就是家庭之道；用我们的本心研究社会，得出来的就是社会之道；用我们的本心研究政治，得出来的就是治国之道。

这是一个最简单的认识论，修镜子的认识论。

听佛陀说，听大师说，研究各种各样的理论，推演各种理论，都是向外求。但如果我们的镜子落满灰尘，不管看什么都还是歪曲的、有偏见的。

很多人对向内求有错误的认识，向内求不是问自己答案，而是每个人的本心都是一尘不染的，但是每个人都有人欲，有人欲镜子上就落满了灰尘，那就要去掉灰尘，再用没有灰尘的本心去照见客观世界。

要知道，人欲看见的是得失、对错和算计，只有本心才能看见其真相。

向内求的难点不在于去灰尘，而在于找灰尘，因为灰尘已经和本心连在一起，我们往往看不见，只有先学会找到灰尘，才能扫除掉灰尘。

【案例1】

用一个例子来说明向外求和向内求。

比如，领导让你五分钟去找二十个陌生人，向外求，就是心里骂领导，抱怨怎么可能找到二十个陌生人；向内求，就是梳理自己能从哪些渠道，以什么方法找到二十个陌生人。

【案例2】

学员问："尽量远离灰尘，这种说法对吗？"

答：不对，说这个话的时候就是以为灰尘是外面来的。

比如，我做直播课，你们说了很多话让我不开心，我心情就不好了，我的灰尘就是你们造成的，我就要远离你们，那我应该把黑粉都清理出去。

现实里很多人都是这样：丈夫让我心情不好了，就离婚；老板让我心情不好了，就辞职；闺蜜让我心情不好了，就翻脸。可见，当我们习惯向外求，所有的喜好和感觉都是外界在左右。

而实际上不是，我们内心所有的难过都是自己创造的，也就是说，所有的灰尘都是自己创造的，我们只有向内求才能主宰自己的心，控制自己的情绪。

【案例3】

学员问:"夫妻吵架了就想离婚?"

答:这个事情要看真正的矛盾所在,就要向内求。

不需要问别人答案,把自己的心放平和,看自己在这件事上有多少人欲。人欲也分很多种:坚持我是对的,害怕我错了,想得到的,害怕失去的,等等。

我们不要有任何担心,担心孩子,担心父母,担心面子,担心未来自己孤独,担心别人瞧不起自己,担心未来生活没有保障。

我们之所以看不清楚夫妻之间的关系,就是因为有这么多的人欲,这么多的担心,都像灰尘一样落在我们的镜子上。

还有人想得到自由,想得到跟其他人在一起,想得到家产,想得到孩子的抚养权……越有想得到的东西,就会有越多的灰尘让人越看不清楚。

只有去除掉这些人欲,用本心来看,才能看清楚这段关系的规律,才会知道还要不要走下去,还能不能走下去。

2-15

周围人攀比很严重，怎么办

抱怨别人攀比，是因为你有颗攀比的心。
要么好好挣钱继续攀比，要么自己过回朴素的生活，
有钱吃肉，没钱吃菜，有钱买车，没钱坐公交车。

—— **对事情的看法都来自你的心。**

问："延平云：'当理而无私心。''当理'与'无私心'，如何分别？"

先生曰："心即理也。无私心即是当理，未当理便是私心。若析心与理言之，恐亦未善。"

又问："释氏于世间一切情欲之私，都不染着，似无私心。但外弃人伦，却是未当理。"

曰："亦只是一统事，都只是成就他一个私己的心。"

—— 【译文】

陆澄问："延平说：'符合天理就没有私心。'符合天理和没有私心怎么区分呢？"

先生说："本心就是天理，没有私心就是符合天理。没有符合天理，就是有私心。如果要单独分析人心和天理，恐怕不能完整。"

又问："佛家对人世间一切的情欲私心都不沾染，好像没有私心。但佛家抛弃伦理人情，好像也不符合天理。"

先生说:"佛教和世人都是一回事,都是成就自己的私心而已。"

人只有一颗心,但这颗心有不同的状态。

当这颗心符合天理的时候就是在良知心的状态下,在良知心的状态下就没有私心,这是一颗心在不同时期的两种状态。所以,我们是良知心,就没有私心,没有私心,就遵循天理。

"佛教和世人都是一回事,都是成就自己的私心而已。"阳明先生为什么这样说?

从出世、入世角度来讲,儒家是入世学,儒家思想里"为天地立心,为生民立命,为往圣继绝学,为万世开太平",这些都是为别人,"修身、齐家、治国、平天下"也是为别人,"大学之道在明明德"是修自己,"在止于至善"是探寻客观规律,"在亲民"也是为了别人,所以儒家思想倡导的几乎都是为百姓、为别人去做。佛教是出世学,是离开父母,斩断红尘,那为百姓、为别人做了什么?从这个角度来看两者是完全相反的。

但从目的角度来讲,我们修阳明心学是为了运用到现实生活里,是为了获得幸福、事业有成、人生变得更有意义,是想挣钱、想买房、娶妻子,这些都是私心。佛教里讲究修来世的那部分人,修的来世还是自己的来世。从这个角度来看,佛教和我们普通人比起来,只是修的方向不同,目的都是为自己的私心,所以都是一回事。

修出世的人往往感觉比修入世的人高尚,其实入世修贪、嗔、痴、慢、疑,出世修转世如来,各有各的目的,还是众生平等。

【案例1】

学员问:"我在给领导汇报工作的时候,经常会加上自己的理解,有自己的主观想法。如何做到客观实际,而不是我认为、我以为？"

答：这个问题讲出了现实生活里我们人的两种状态：

1.我们觉得自己不够好的时候就会妄自菲薄，觉得别人都是好的，都是对的，我们就总是听别人的意见，我们没有自己的意见，没有自己的主张，没有自己的选择。

2.当我们奋斗到一定程度，感觉自己有本事了，就会妄自尊大，就会"我以为"。

无论是妄自菲薄，还是妄自尊大，都不对。这件事的核心是你的出发点是什么：

1.你的对象是领导，那你得尊敬领导，得有请教的态度。

2.你是为了解决问题，就不要只考虑自己的想法是对的还是老板的想法是对的，而是选择能解决问题的方法，是谁的观点不重要，关键在于能成事。

尊敬领导是人道，和老板沟通是解决事情是事道，既遵了人道又遵了世道，没有我的私心。

在人道里，不得罪人是我们自己的人欲，符合人道的客观规律，跟领导之间不要怕得罪他，他是领导，我尊重他，我一心向他请教。

按人的规律走，自然不得罪人；按事的规律走，很可能就会得罪人。得罪就得罪，人一辈子哪有不得罪人的，你的目的是成事，就问心无愧。

【案例2】

学员问："身边有三对好朋友都离婚了，据说人有能量场，我是不是能量场比较弱，吸引来的都是同频的人？还有一个朋友关注负面信息较多，经常抱怨指责、歇斯底里，吐露社会不公、领导不公，一跟她来往就让自己不舒服，这样的朋友是不是要远离？"

答：解决问题不是远离负面的人，也不是远离是非，而是远离了负面的人，我们要跟谁在一起？下一个人说不定还是这样。这就是闲的，没志向，没方向，整天无所事事。

说白了，如果你现在每天都被是是非非搞得焦头烂额，一定是因为你太闲了，最简单的方法就是给自己找点事做。

比如，你想挣钱，你每天想的都会是去哪找人才来帮你，你怎么能拉到投资，你这个商业模式要怎么搞，也就没有空关注那些是非了。就算她约你聊八卦你都没空；有人来说哪个银行行长的妻子真难看，你的关注点就不会在她长得好看还是难看上，而是哪个银行，能不能介绍认识一下，你想贷款。

没有立志就没有指导你注意力的东西，你就注定跟所有是是非非有连接。一旦你立了志，有了指导注意力的方向，你的关注点只会在谁能帮助你，你能怎么去做，谁是你的老师，谁是你的干将，谁能解决你的问题，这样你就会随着志向分配注意力。

你不要去反感身边的人，你逃掉这个人，也逃不掉下一个人，因为你才是原因，你是散的，只能随别人的注意力。一旦你清楚了，你就会只走自己的方向，志向越清楚越是解药。

【案例3】

学员问："以前在北京工作，由于孩子的原因回到老家，发现老家的吃穿用度攀比都太严重。工资不高消费却不低，弄得我都不敢跟朋友联系，我该怎么办？"

答：不是老家攀比，是你的朋友圈攀比。说白了，你不敢联系是因为你比不过别人，如果你家特有钱，开着跑车穿着名牌，你比得过你早联系了。

抱怨别人攀比，是因为你有颗攀比的心，这就是你的人欲。要么好好挣钱，继续跟别人攀比，要么自己过回朴素的生活，顺应天理去过。

什么叫顺应天理？有钱吃肉，没钱吃菜，有钱就买车，没钱就坐公交车，合适就是顺应天理。

你是什么样的人就会吸引什么样的人，当你不攀比的时候就能遇见不攀比的朋友。

2-16

为什么我们教育不好孩子

只看到孩子的缺点，而忽略了孩子其他的特性。

—— 阳明先生说，做什么事情都需要志向坚定。

侃问："专涵养而不务讲求，将认欲作理。则如之何？"

先生曰："人须是知学讲求，亦只是涵养。不讲求，只是涵养之志不切。"

曰："何谓知学？"

曰："且道为何而学？学个甚？"

曰："尝闻先生教。学是学存天理。心之本体，即是天理。体认天理，只要自心地无私意。"

曰："如此则只须克去私意便是。又愁甚理欲不明？"

曰："正恐这些私意认不真？"

曰："总是志未切。志切，目视耳听皆在此。安有认不真的道理？'是非之心，人皆有之'，不假外求。讲求亦只是体当自心所见。不成去心外别有个见。"

—— 【译文】

薛侃问："只注重存养本心，而不注重向外学习，把人欲看成了天理，怎么办？"

先生说："人应该知道要学习，学习也是存养本心。不学习是因为存养天性的志向不够坚定。"

薛侃问："怎样才叫学习呢？"

先生说："你先说说为什么要学，学什么。"

薛侃说："以前听先生说，学习就是存养天理，心的本体就是天理，感悟天理，只要让自己内心没有私欲就可以了。"

先生说："这样说，你只要克服私欲就可以了，还怕什么不明白天理呢？"

薛侃说："就怕认不清楚什么是私欲。"

先生说："认不清还是因为志向不坚定，如果把志向集中在天理上，有什么认不清的道理呢？辨别是非的能力，人人天生就有，不需要在心外去寻找，研究探索也就是体认本心的呈现，而不是本心之外还有什么别的呈现。"

我们志向的诚意决定事情的成败。

有些修行的人静坐，坐着坐着感觉自己看到的都是天理，就会滋生出自傲的心，认为自己很牛，陶醉在里面。

人欲也会创造灵感，让我们误以为是看到了天理，其实只是自己创造的道理，所以如果修行中看到天理时感到扬扬得意，那就不是天理，只是我们自己的人欲。

我们的修行一定要在读书和学习中实践，如果不实践，代表着我们的志向不够，想成为圣人、像圣人一样做事的志向不够。现在很多人修行都不是诚心修行，而是一种生活方式，追求一种修行的感觉，就和玩游戏时候的感觉一样。

修行的方法是去人欲存天理，说起来简单，做起来却很难。最难的不是去人欲，而是找人欲，很多人找不到自己的人欲，或者找错了人欲，人欲都找不到，谈何去掉它呢？

我们学习阳明心学是想掌握阳明心学这个修行方法，最终目的是存天理，按客观规律办事，按挣钱的规律挣钱，按找对象的规律找对象，按工作的规律工作，生活自然就好了。

【案例1】

就说赚钱这件事儿，肯定大家都说想挣钱，可是我们是真的想挣钱吗？要问自己五个问题。

1.我真的想赚钱吗？千万不要小看这句话，这可以算是一句灵魂的拷问，很多时候我们不是真的想赚钱，我们只是为了争一口气，为了让别人看得起自己。

2.我真的开始挣钱了吗？有些人每天都说自己要挣钱、要创业，但是他不研究挣钱的事，只想着找当老板的感觉，那就偏离了挣钱的路。

3.我挣到钱了吗？我们说实践是检验真理的唯一标准，我们不是想要挣钱吗，那挣到了吗？如果没挣到，那就不算是诚意。

4.我挣钱的过程愉快吗？我们如果感到痛苦，那说明挣钱不是我们的目的，只是被逼无奈去做的。如果我们真的发自内心地想要挣钱，那肯定不会感到痛苦，做事才会有创造力，才不会计较得失。

5.我挣钱的过程是违心的吗？也就是说在过程中有没有欺骗自己，那些愉悦是不是真的，意愿是不是真的，行动是不是真的。

这五个问题就是我们判断自己是不是够诚意的五面镜子，我们可以用来反思自己人生中的任何行为和目标。

我们要记住，意诚而后心正，心正而后身修，身修而后家齐，家齐而后国治，国治而后天下平。

【案例2】

学员:"对方不按客观规律办事怎么办?"

答:对方不按客观规律办事也是一种客观规律,指望对方按照自己想的套路出牌是人欲。

就像教育孩子,每个孩子出生以后,身体、智力发展都不一样,我们本来应该按照孩子的发展水平教育,可我们通常没有按客观规律办事。

他应该读书了,他不应该惹麻烦,他应该听老师的话,他应该比其他孩子更聪明一点……这些都是我们父母的期望,期望就是人欲。

我们往往把这种人欲当作了理所应当,一旦有了这种根深蒂固的认知,就会忽略人欲,找不到让我们痛苦的根源。只有除掉这些人欲,我们才能缓和与孩子的关系,真正地做到根据孩子的情况来教育他。

有些家长到处学习方法,回家就灌给孩子,不是说不要方法,而是每个孩子有每个孩子的节奏,不要跟别的孩子比较,更不要强加给他他还没法做好的事情。

每次和家长聊起教育孩子,家长总是说孩子这个缺点、那个缺点,优点勉强能说出来一两个,至于痛点、兴奋点、动力点,家长完全都不知道。如果满眼只能看到孩子的缺点,那孩子怎样都不能让我们满意;如果我们能够看到孩子更多的规律,那就有更多适合他的方式,可以激发出他更多的闪光点。

2-17

孩子为什么会反感父母的教育

因为大多数情况下，我们不是教育孩子，
而是按照自己的标准要求孩子，
在宣泄情绪的时候还说是为他好。

—— 梁日孚和阳明先生有这样的对话：

梁日孚问："居敬、穷理是两事，先生以为一事，何如？"

先生曰："天地间只有此一事，安有两事？若论万殊，'礼仪三百，威仪三千'，又何止两？公且道居敬是如何，穷理是如何？"

日孚曰："居敬是存养功夫，穷理是穷事物之理。"

先生曰："存养个甚？"

日孚曰："是存养此心之天理。"

先生曰："如此亦只是穷理矣。"

先生曰："且道如何穷事物之理？"

日孚曰："如事亲便要穷孝之理，事君便要穷忠之理。"

先生曰："忠与孝之理在君、亲身上，在自己心上？若在自己心上，亦只是穷此心之理矣。且道如何是敬？"

日孚曰："只是主一。"

先生曰："如何是主一？"

日孚曰："如读书便一心在读书上，接事便一心在接事上。"

先生曰:"如此,则饮酒便一心在饮酒上,好色便一心在好色上,却是逐物,成甚居敬功夫!"

日孚请问。

先生曰:"一者,天理。主一是一心在天理上。若只知主一,不知一即是理,有事时便是逐物,无事时便是看空。惟其有事无事,一心皆在天理上用功,所以居敬亦即是穷理。就穷理专一处说,便谓之居敬;就居敬精密处说,便谓之穷理。却不是居敬了别有个心穷理,穷理时别有个心居敬。名虽不同,功夫只是一事。就如《易》言'敬以直内,义以方外'。敬即是无事时义,义即是有事时敬,两句合说一件。如孔子言'修己以敬',即不须言义。孟子言'集义',即不须言敬。会得时,横说竖说,功夫总是一般。若泥文逐句,不识本领,即支离决裂,功夫都无下落。"

日孚问:"穷理何以即是尽性?"

先生曰:"心之体,性也。性即理也。穷仁之理,真要仁极仁;穷义之理,真要义极义。仁义只是吾性。故穷理即是尽性。如孟子说'充其恻隐之心,至仁不可胜用',这便是穷理功夫。"

日孚曰:"先儒谓'一草一木亦皆有理,不可不察',如何?"

先生曰:"'夫我则不暇。'公且先去理会自己性情,须能尽人之性,然后能尽物之性。"

日孚悚然有悟。

── 【译文】

梁日孚说:"程颐、程颢、朱熹认为居敬、穷理是两回事,先生认为是一回事,为什么呢?"

先生说:"天地万物只是一件事,怎么能说是两回事?如果说到具体事物的千差万别,礼仪有三百,威仪有三千,又何止两个呢?你先讲讲居敬是什么,穷理是什么。"

梁日孚说:"居敬是存养本心的功夫,穷理是穷尽事物的道理。"

先生说:"存养什么呢?"

梁日孚说:"是存养心中的天理。"

先生说:"这样说来也是穷理的意思。"

先生说:"你再说说是怎么穷尽事物的道理的呢。"

梁日孚说:"比如侍奉父母要穷尽孝的道理,侍奉君王要穷尽忠的道理。"

先生说:"忠和孝的道理是在君王和父母的身上?还是在自己的心上?如果在自己心上,也只是穷尽此心的道理罢了。你再说说什么是敬。"

梁日孚说:"敬就是专一。"

先生说:"怎样是专一呢?"

梁日孚说:"比如读书就是一心一意在读书上,做事就一心一意在做事上。"

先生说:"这样说来,喝酒就一心一意在喝酒上,好色就一心一意在好色上,这是追逐物质,哪里是居敬的功夫?"

梁日孚向先生请教。

先生说:"一就是天理,主一是一心一意放在天理上。如果只知道一心一意在天理上,不知道一心就是天理,有事物的时候就成了追求物质,没有事物的时候就是空想。有事无事都得在天理上下功夫,所以居敬也就是穷理。就穷理专一的地方来说,就是居敬;就居敬精密的地方来说,就是穷理。但不是居敬时还有个心去穷理,穷理时还有个心去居敬。两个名字虽然不同,但功夫只是一件事。就像《易经》里说的:'内部修养,外部表现。'居敬就是没事时的仁义,仁义就是有事时的居敬,两句话说起来就是一件事。就如孔子说的'保持恭敬的态度修养自己'时,就不需要再说仁义了;孟子说'做事合乎道义'时,就不需要说恭敬了。弄明白以后,横竖不管怎么说,功夫都是一样的。如果拘于文字,不明白根本,就会支离破碎,不知道怎么下手。"

梁日孚说:"穷理为何也是尽性?"

先生说:"心的本体就是本性,本性就是天理,穷尽仁的道理,就是要完全发挥本性的仁爱;穷尽义的道理,就是要完全发挥本性的仁义。仁、义就是人的本性,所以穷理就是穷尽本性。像孟子说的'满心都是恻隐之心到仁义,那就会用之不竭',这就是穷尽天理的功夫。"

梁日孚说:"程颐先生说一草一木也都有天理,不能不探究,这话怎样?"

先生说:"我没有那闲时间,先去修养自己的本性吧,只要能穷尽人的本性,然后就能穷尽天下事物的本性了。"

梁日孚猛然醒悟。

我们的很多行为和结果都是来自我们的心。

"程",程颐、程颢;"朱",朱熹。

这一段话在讲"居敬"和"穷理"。

学生梁日孚认为"居敬"和"穷理"是两件事,"居敬"是存养内心的功夫,"穷理"是穷尽各种事物的道理,想要做到"居敬",就要先做到"专一",而王阳明认为"居敬"和"穷理"应该是一件事。

首先,我们来理解"居敬"和"穷理"的含义。

1."敬",专一;"居敬",保持恭敬专一的态度,也就是把注意力都放在天理上,如果把注意力放在了人欲上,就不叫"居敬"。

"一",天理;"主一",一心一意放在天理上。"一心一意"是做事的态度,是对自己的要求,"一心一意"里的"一心"这颗心就是天理。也就是如果我们达到一心一意的状态,实际上就是天理了。

比如,我们跟人产生了冲突,所有的注意力都放在如何吵架赢过他,这时我们的内心充满人欲,是不符合天理的,就不能称为"居敬"。

2."穷",全力以赴;"穷理",对客观事物完整的认知。

那为什么"居敬"和"穷理"是一件事儿呢？

阳明先生说，人只存在一颗心，都是这颗心在做事，"居敬"和"穷理"是一颗心存在的两种呈现形式。"居敬"是心的存在方式，"穷理"是这颗心创造的功能。

当我们的这颗心居敬在天理的状态下，我们看外面的事物自然是穷理的，这是必然的，都是这同一颗心，所以不能说居敬是一颗心，穷理是一颗心。

良知心下人的本性是仁义，穷理是完全发挥本性，也就是发挥仁义。我们在做事的时候应该遵循天理，在没有任何事发生时，也要遵循仁义的天理，"居敬"和"仁义"不过是遵循天理的不同表现罢了。

学生又问，那为什么穷理就是尽性呢？

阳明先生说，穷尽仁，就是要彻底发挥出本性中的仁爱；穷尽义，就是要彻底发挥出本性中的正义公道。仁、义就是人的天性，所以穷理就是尽性。

穷理是不断研究感悟真正的客观规律，尽性是让自己的心处于去人欲存天理的状态，把自己的本性完全释放出来。实际上，当能感悟到真正的客观规律，就能完全发挥出本性，所以穷理和尽性其实是一回事。

至于阳明先生关于"一草一木都各有天理"的说法，也就是"心即理"的道理，当我们修养本心达到天理，那我们自然可以看到客观事物的规律。

我们存养本性达到百分之五十，认知客观规律就能达到百分之五十；存养本性达到百分之百，认知客观规律就能达到百分之百，心性就是认知的限制。

【案例1】

有一天我做直播,桌子是斜着放的,我心里就过不去,一定要把桌子上的东西都搬来正对着墙。

当这些东西都正对着墙壁以后,我心里一下就舒服了;心里舒服了,灵感就来了;灵感来了直播发挥就好了;我发挥好了,你们听得也开心,下次还来看我直播。

看,我们的一切都是跟着这颗心走的。

【案例2】

我徒弟说他现在肺热,在吃药。我说吃药是方法,不是规律,我们来找规律。肺热是肺部有火,那一定有因果,也就是有导致你心肺堆积上火的习惯和根源,比如你经常心烦上火,饮食作息不规律。就像我直播讲话多,就口渴,口渴喝热水不舒服,我就喝凉水,凉水喝多了就有湿气,最后我喝凉水这个习惯导致了我湿气重。你看,这就是我们的习惯造成了身体某个部位的疾病。

我们的习惯是怎么来的呢?是来自我们的心。我们心里想这样做,就有了我们的行为,这些行为导致了我们的疾病,于是我们要么肝不好,要么胃不好,身体的不适感又导致了我们生活的态度和状态不好。

所以,所有的一切还是在这颗心,心是大部分疾病的根源。

【案例3】

以教育孩子来说,大多数情况下,我们不是教育孩子,而是按照自己的标准管理孩子，按照自己的标准要求孩子，孩子表现不好的时候又会宣泄情绪，宣泄情绪的时候还说是教育孩子。

只有当我们的心去除人欲，真的感悟到了天理，我们才能不需要纠结什么教育方法，而是会依照孩子的特点来设计出一条最适合他的教育之路。

2-18

人和人之间为什么会吵架

不管是朋友吵架，夫妻吵架，还是和孩子吵架，
都不是道理的争论，
而是双方不会放在桌面上的内心欲望的冲突。

—— 只有恢复了本心，才能看清自己的人欲。

专求本心，遂遗物理，此盖失其本心者也。夫物理不外于吾心，外吾心而求物理，无物理矣；遗物理而求吾心，吾心又何物邪？心之体，性也，性即理也。故有孝亲之心即有孝之理，无孝亲之心即无孝之理矣；有忠君之心即有忠之理，无忠君之心，即无忠之理矣。理岂外于吾心邪？晦庵谓"人之所以为学者，心与理而已，心虽主乎一身而实管乎天下之理，理虽散在万事而实不外乎一人之心"，是其一分一合之间，而未免已启学者心、理为二之弊。此后世所以有"专求本心遂遗物理"之患，正由不知心即理耳。夫外心以求物理，是以有暗而不达之处，此告子义外之说，孟子所以谓之不知义也。心一而已，以其全体恻怛而言谓之仁，以其得宜而言谓之义，以其条理而言谓之理。不可外心以求仁，不可外心以求义，独可外心以求理乎？外心以求理，此知行之所以二也。求理于吾心，此圣门知行合一之教，吾子又何疑乎？

—— 【译文】

只探求本心而不去实践，这样探究的本心是什么？本心就是人性，是天

理。所以，有孝心就有天理，没有孝心就没有天理。天理会存在于人心之外吗？朱熹说："人之所以为学者与理而已；心虽主乎一身，而实管乎天下之理；理虽散在万事，而实不外乎一人之心。"是把天理和本心先分开后又合在了一起，难免让学者把本心和天理看成两个东西，后来他又专注于静坐冥想追究本心，而忽略了实践，这正是因为他不知道本心就是天理。在本心之外探究就会有差错，就不能看到客观大道。告子认为道义是外在的，孟子认为告子不知道什么是道义，就是这个原因。心只有一个，本心有同情恻隐之心就是仁爱，本心符合人情就是道义，本心符合客观规律就叫天理，不能在心之外去探求仁爱，也不能在外界探究天理。在外界探究天理就是把认知和实践分开了，在心中探求天理，才是儒家说的知行合一。这些你又有什么可质疑的呢？

阳明先生的这段话主要有四点：
1. 本心不发挥作用，就感觉不到本心的存在。
2. 本心是老天创造人类时赋予的人性，本心即天理。
3. 心决定理，有孝的心是本心，没有孝的心是人欲创造的。
4. 心只有一个，心在不同场景有不同的叫法，比如恻隐，又如道义。

《六祖》说"菩提自性，本来清净；但用此心，直了成佛"，与阳明先生的这段话不谋而合。意思是菩提本心是没有人欲的清净心，运用这颗心到生活里就能成佛。

存养本心最好的方法就是把本心用在生活里，用来认识事物、认识规律解决问题。

所有的道理都是我们的心与外在的事物作用以后生成的，普通人都有人欲，每个人的人欲都不一样，所以我们就是带着人欲去看万事万物。只有向内求，做到良知心，才能看见真正的客观规律。

人欲产生道理，不管是朋友吵架、夫妻吵架，还是和孩子吵架，都不是道理的争论，而是人欲的争论，真正的冲突是双方不会放在桌面上的人欲的冲突。

有良知心才会有圣人的道理，没有良知心就没有圣人的道理，无法强求别人认可，不用把自己的道理强加给别人，也不需要对别人的看法太在意，别人对我们的评价都是他自己的道理创造的而已。

很多人讲人性，是传递人性的标准是怎样的，不同的人有不同的人欲，就会产生不同的人性，这些人性都是用来讨伐别人的。

而阳明先生说的人性，是人自己的属性，上天创造人的时候就有的属性，也就是良知心，是跳出了人欲的人性。

【案例1】

比如，我上课时就创造一个人性：听老师直播要尊师重道，要有感恩之心，所以你们应该给老师点赞，不给我点赞的就是没人性。

因为我有人欲，所以根据我的人欲创造了我的人性，我又用这种人性要求你们。

【案例2】

比如，如果你结婚是为了占便宜，那你看夫妻关系就是算计；如果你总是和爱人争对错，那你看夫妻关系就是较量。

我们的心有怎样的人欲就看见怎样的道理，你只有去除自己的人欲，才能真正看明白夫妻关系。

【案例3】

企业家在企业里创造的集体共识是企业文化；一家之主在家庭里创造的集体共识是家族文化，集体共识是意识链，挣钱给后代是利益链，意识链+利益链才是真正的家族的传承。

比如，彩礼，每个人都有对错心和得失心，彩礼就是对错心，是集体共识，是为了满足集体的人欲。现在在一些村庄里，女儿出嫁，就是要向男方收彩礼；儿子娶媳妇要给彩礼，就是要姐姐妹妹一起出钱。这种风气是不提倡的，一些地方在加以制止。

2-19

为什么我们学了很多方法，还是做不成事

因为方法是形式，思维才是根本。

—— 从古到今想学方法的人都很多。

来书云："凡学者才晓得做功夫，便要识认得圣人气象。盖认得圣人气象，把做准的，乃就实地做功夫去，才不会差，才是作圣功夫。未知是否？"

先认圣人气象，昔人尝有是言矣，然亦欠有头脑。圣人气象自是圣人的，我从何处识认？若不就自己良知上真切体认，如以无星之秤而权轻重，未开之镜而照妍媸，真所谓以小人之腹而度君子之心矣。圣人气象何由认得？自己良知原与圣人一般。若体认得自己良知明白，即圣人气象不在圣人而在我矣。程子尝云："觑著尧，学他行事，无他许多聪明睿智，安能如彼之动容周旋中礼？"又云："心通于道，然后能辨是非。"今且说"通于道"在何处？"聪明睿智"从何处出来？

—— 【译文】

你来信说："学者下功夫，就是想要认识圣人的气象。因为只有把圣人的气象当作标准，脚踏实地地下功夫去做，才不会有差错，才是做圣人的功夫。不知道这样对不对？"

从前有人说过要认识圣人的气象，这种说法是不得要领。圣人的气象是圣人的气象，我们怎么体认圣人的气象呢？如果不从自己的良知上认真体悟，就像称东西的时候没有标准，就像是还没有磨镜子怎么去照美丑，这就是以小人之心度君子之腹。怎么能够看到圣人的气象呢？自己的良知原本与圣人是一样的，如果能把自己的良知体悟明白，那么我们也会生成圣人的气象了。程颐先生曾经说："看尧舜，学他们做事，但是如果没有他们的智慧，怎么可能像他一样做到符合客观规律呢？"他又说："只有把心修好通了天理，自然就能明辨是非了。"现在心通天理在什么地方？聪明智慧又在哪里呢？

■ 我们只模仿别人的方法，没有别人的认知，注定一事无成。

我们很多人修行的时候都追求气象、状态，比如迷恋圣人、大师的某种神通。每个人都会把圣人的气象标注成一个阶段、一个阶段，以参照对比自己是到了哪一个阶段，也就是把圣人的气象当作进步的标准进行衡量。

智慧的人有智慧的人的气象，圣人有圣人的气象，愚笨的人是没有办法解读圣人的气象的，如果能够解读，那就是圣人了。

我们的本心好比一面镜子，我们拿着满是污渍没有磨过的镜子照圣人，是没办法照出圣人的气象的，只有我们是一面光洁的如圣人的心一样的镜子，才能照见圣人的气象。其实就是，不要去追求圣人的气象，而是把自己的镜子磨好，自然就能生成圣人的气象。

这一段话可以总结成两句话：

1.不要追求某种气象也是一种人欲，圣人的气象我们还体会不了，需要踏踏实实去人欲存天理。

2.既然圣人得出来的观点是他的认知创造的，我们只需要学习圣人的认知，按照圣人的认知去看待问题，自然就能顺应天理。

【案例1】

有一种做生意的方式是加盟，加盟就是模仿，但有些人能做成，有些人不能做成。因为不是每个加盟的人都能完全理解其中的规律，就算理解了也不一定能完全做出来。

人人都能模仿去做，却不是人人都能做出来。这也是很多人加盟这个、加盟那个，最后都不成功的原因。

【案例2】

说说做菜这件事儿，相信很多人都买过食谱。

如果我们只是随便照着做做，那结果要么是还没有做成就放弃了，要么就是做成了卖相和味道不怎么样。

但是，如果我们非常喜欢做菜，一心一意想把菜做好，那我们就会特别仔细，在每个细节都做到精准，甚至买来高精度秤，严格按照食谱上的计量去称食材和调料。味道还是不够好就会自己加加减减，一次不行，还会多做几次，一直要研究到自己满意为止。最后发现，自己比食谱上做得还好。

这就是因为你有颗一定要把菜做好吃的心，在事上练的过程里又找到了做菜的规律，最终才做出了好吃的菜。

2-20

失败是成功之母吗

这个世界没有失败，
只有不断尝试、再尝试，直到成功。

—— 我们可以从"心即理"来解释这个道理。

先生游南镇。一友指岩中花树问曰："天下无心外之物，如此花树，在深山中自开自落，于我心亦何相关？"

先生曰："你未看此花时，此花与汝心同归于寂；你来看此花时，则此花颜色一时明白起来，便知此花不在你的心外。"

—— 【译文】

先生游南镇，一个朋友指着岩石中的花树问先生："天下没有心外之物，那像这棵花树，在深山中自开自落，和我的心有什么关系呢？"

先生说："你没有看到这花时，这花和你的心一样处于寂静的状态；你来看这花时，这花的颜色就清楚起来，可见这花不在你的心外。"

"心外无物，心外无理"，是阳明心学"心即理"里面很重要的思想。

我们看到的客观世界，都是通过我们本心这面镜子看到的。当我们没把注意力放在花上，我们对花就没有认识；当我们把注意力放在花上，我们就能看到形状、大小、颜色。

所有的物是对我们而言，所有的理也是对我们而言，当我们把注意力放在上面，对我们而言才存在，就叫明。

比如，只有我们的本心照见的时候，客观规律对我们而言才存在，本心不照见的时候，对我们而言就不存在。又如，当我们教育孩子的时候有规律，当我们不教育孩子的时候，规律就不存在。

"无名天地之始，有名万物之母"，我们有了注意力，就会给它取名。也就是，无论这花是大的还是小的，是五瓣花还是六瓣花，是红色还是黄色，都是我们赋予它的名。

由此可见，我们认知客观规律一定有注意力产生，本心+注意力，才会呈现出天理。

我们有一颗本心也不是能立刻看明白客观规律，比如夫妻之间的相处之道，是有一定的相处时间，发生了很多事情，还有一颗本心，智慧的心，智慧的心+发生的事，才会成为一个幸福的婚姻的相处之道。

把注意力放在工作上，就会成为行业的佼佼者；把注意力放在爱情上，爱情就会有结果；把注意力放在修养本心上，就会越来越接近圣人。把注意力放在哪里，哪里就会有成就。

有人把注意力放在挣钱上，有人把注意力放在创造价值上，而钱是价值换来的，创造价值才能挣到钱，如果想挣钱，注意力一定要放在创造价值上。

同时，注意力也是一把双刃剑，把注意力放在对孩子的不满上，孩子就会痛苦；把注意力放在如何对付你妻子上，就会吵架，我们都需要管理好自己的注意力，注意力就是出发点。

【案例1】

我和我的家人都很喜欢吃豆花，所以某次我就尝试自己做豆花。

从榨豆浆到买卤水，再到卤水点豆花，豆花也没有成形。我不信邪非要尝一下，尝了才知道卤水很苦。

卤水少了或是多了都不成形，刚刚好才成形，这就是卤水和豆花之间的规律，而我没有尝试就掌握不了这个规律。

所以，没有人欲，带着本心去做，还是需要不停尝试，实践才能出结果。

【案例2】

学员问："失败是成功之母吗？"

答：对于没有认知水平的人，失败是放弃之母，是抱怨之母；对于有高认知水平的人，失败才是成功之母，本心+尝试才是成功之母。

准确来说，失败在所难免，只有用本心不断地去尝试，走不通就再思考，思考了就再做，反反复复，直到掌握了规律，才能取得成功。

2-21

"人无远虑，必有近忧"，这句话怎么理解

我们不是忧虑未来，
而是要思考怎样做才能让未来更好。

—— **阳明先生也讲到了这个问题。**

问："孔子所谓'远虑'，周公'夜以继日'，与'将迎'不同。何如？"

先生曰："'远虑'不是茫茫荡荡去思虑，只是要存这天理。天理在人心，亘古亘今，无有终始。天理即是良知，千思万虑，只是要致良知。良知愈思愈精明，若不精思，漫然随事应去，良知便粗了。若只着在事上茫茫荡荡去思教做远虑，便不免有毁誉、得丧、人欲掺入其中，就是'将迎'了。周公终夜以思，只是'戒慎不睹，恐惧不闻'的功夫。见得时，其气象与'将迎'自别。"

—— **【译文】**

有人问："孔子说的'远虑'，周公说的'夜以继日'，与'将迎'不同，这样说对吗？"

先生说："'远虑'这个词不是漫无边际地胡思乱想，而是要存养天理。天理存在人心中，从古至今，无始无终。天理就是良知，所有的思虑都是致良知。良知越用越好用，看东西就越明白深刻，如果总不思考，只在乎结

果，那良知就越来越粗糙，越粗糙就越看不清。如果把漫无边际地胡思乱想当作远虑，难免会有毁誉、得失和私欲掺杂在里面，就变成刻意地迎接了。周公整夜思索的是'戒慎不睹，恐惧不闻'。弄明白这些，自然就明白周公的气象与'将迎'的区别了。"

很多人对"远虑"这个词有误解，阳明先生特意加以解释。

人无远虑，必有近忧，"远虑"不是指对未来忧虑，而是思虑未来客观规律的走向。"夜以继日"，天天为以后做打算。"将迎"，注定会面对未来。

客观规律是因，考虑未来是果。我们总是想未来经济会怎样，能不能挣钱，婚姻会不会好，孩子能不能上大学，这些都是结果。我们考虑的不是果，而是产生这些的原因。之所以果不好，就是因为因没种好。

就像台风，不要在乎台风来了会造成什么后果，而是在乎台风来的时候会有什么样的规律，我们运用规律去减少损失。

在乎果的人，只在乎不好的果会不会发生在自己身上；在乎因的人，在乎的是做什么能让果变得更好。

如果未来我们不能挣钱、婚姻变得糟糕、孩子上不了大学，那都是我们的因没有种好，得把因找到。就像种树一样，该浇水的时候浇水，该除草的时候除草，树才能长得高大茂盛。

我们普通人的戒慎恐惧是唯恐该看见的美好没看见，该听见的八卦没听见。而周公夜以继日思考的是一定要看透客观规律，如果看不到那就要戒慎恐惧，这是圣人的修养。

我们对客观规律的认识，取决于三要素：1.心没有人欲；2.我们的注意力在哪里，客观规律就在哪里；3.我们在这个客观规律上看了多久。没有人欲的本心+管理好注意力+时间久，我们对客观规律才能看得深刻完善。

对客观规律认识得越深刻，越能种好因得好果，所以我们的远虑还是要存养天理。

【案例】

遵循天理是有感觉的。比如我讲直播课，如果我定下每天某个时间，那我保证不了我有深刻的感悟。但是我每次灵感来的时候再直播，我就会感觉整个人很轻松，思维很通畅，话也滔滔不绝，你们也会说吴老师讲得真精彩。

这就是遵循天理的感觉，我们都会明显感觉到。

我遵循了这样的天理，发挥好了，才能让你们感觉受益，下次还来；我每次直播都让你们感觉良好，我也就有了未来。

2-22

为什么有些人会说一套做一套

一方面要符合道德标准，
另一方面又要满足自己的欲望，
就变得虚伪而不自知。

—— 阳明先生从"心即理"来说明了这个问题。

又问："'心即理'之说，程子云'在物为理'，如何谓'心即理'？"

先生曰："'在物为理'，'在'字上当添一'心'字，此心在物则为理。如此心在事父则为孝，在事君则为忠之类。"

先生因谓之曰："诸君要认得我立言宗旨。我如今说个'心即理'是如何？只为世人分心与理为二，故便有许多病痛。如五伯攘夷狄，尊周室，都是一个私心，便不当理。人却说他做得当理，只心有未纯，往往悦慕其所为，要来外面做得好看，却与心全不相干。分心与理为二，其流至于伯道之伪而不自知。故我说个'心即理'，要使知心、理是一个，便来心上做功夫，不去袭义于外，便是王道之真。此我立言宗旨。"

—— 【译文】

有人又问："关于'心即理'的学说，程颐说'在物为理'，先生您怎么说心就是理呢？"

先生说："'在物为理'的'在'字前面应该加一个'心'字，这个心在物上就得出理。如果本心放在父母身上就能得出孝的规律，放在君王身上就能得出忠的规律。"

先生又说："大家要明白我言论的宗旨。我现在为什么要讲'心即理'？因为学者总是把心和理分开成两个东西，就产生了很多问题。例如，春秋五霸抗击蛮夷，尊崇周朝王室，都有私心，表现出的忠就不是真的，就不符合天理。但百姓却说他们的行为符合天理，只因为百姓的心不够纯，欣赏他们的行为，只看到表面功夫做得好，却与心完全不相干。把心和理当作两个东西，让自己陷入虚伪之中却毫不自知。所以，我说'心即理'，是要让大家知道心和理是一个东西，要从本心上下功夫，不去向心外求，这才是正道。这才是我言论的宗旨。"

我们有很多歪理是因为我们有颗人欲心。

这一段话阳明先生讲了为什么要提出"心即理"。

我们要保证良知心+注意力，才能客观认知规律。比如，我们对待父母，如果带着对错心，就会抱怨父母；如果带着得失心，就会算计父母。

有人说父母德行不好，还爱计较，那是父母的事情，跟我们无关。我们用良知心感悟，感悟出来的就是孝，不管他们德行好不好，对我们好不好，我们对他们都是孝。

心和理原本是一个东西，有什么样的心就有什么样的理，但只要有了人欲，心和理就成了两个东西，得到的理也是千奇百怪的理。

有的人嘴里一套，做的一套；有的人说的、做的都像那么一回事，但心里不是那样；有的人为所欲为；有的人道貌岸然，都觉得自己特别有理，实际是变得虚伪，变得霸道，还毫不自知。

现在有很多人看起来都很有文化、很有素质，但真正有没有文化素质都在心里，心的维度有没有提高，境界有没有提高，能不能做到未发之中，能不能做到中正平和。

【案例1】

中正平和的样子我们也可以做出来。

比如，在直播间，有些人骂主播，主播表面还是笑嘻嘻地说"家人们""我爱你们哦""比心"，但内心其实恨不得大骂一场。

这就是做出的中正平和，不是真正的内心中正平和。

【案例2】

有些人自以为中正平和，就特别横，觉得整个社会都物欲横流，看不起身边所有人。

以前，公司有一个同事，每天吃斋念佛讲经，但跟同事关系很不好。

我问他："你都念佛了，为什么会跟同事的关系弄得这么糟糕？"他说身边的人都是执念太多，贪嗔痴慢，私欲过重，好色的、好吃的、好玩的……说的时候一脸的不屑。他认为自己又持戒，又戒色，又自律，又不好名，又不好利，就可以理直气壮地怠慢别人，看不起别人。

这样的人总觉得自己没有私欲，其实他也有私欲，我们普通人是好色、好吃、好玩，他是好比别人高高在上，好我高你低，好怨憎会。

第三部分

知行合一,
知是行之始,行是知之成

3-1

爱人出轨怎么办

一哭二闹三上吊都没用，只需要问自己两个问题：
我要的结果是什么？我要怎么做才能得到我想要的结果？

—— 徐爱向老师请教过知行合一的问题：

爱因未会先生"知行合一"之训，与宗贤、惟贤往复辩论，未能决，以问于先生。

先生曰："试举看。"

爱曰："如今人尽有知得父当孝、兄当弟者，却不能孝、不能弟，便是知与行分明是两件。"

先生曰："此已被私欲隔断，不是知行的本体了。未有知而不行者，知而不行只是未知。圣贤教人知行，正是要复那本体，不是着你只恁的便罢。故《大学》指个真知行与人看，说'如好好色，如恶恶臭'。见好色属知，好好色属行，只见那好色时已自好了，不是见了后又立个心去好；闻恶臭属知，恶恶臭属行，只闻那恶臭时已自恶了，不是闻了后别立个心去恶。如鼻塞人虽见恶臭在前，鼻中不曾闻得，便亦不甚恶，亦只是不曾知臭。就如称某人知孝、某人知弟，必是其人已曾行孝、行弟，方可称他知孝、知弟。不成只是晓得说些孝、弟的话，便可称为知孝、知弟？又如知痛，必已自痛了方知痛；知寒，必已自寒了；知饥，必已自饥了。知行如何分得开？此便是知行的本体，不曾有私意隔断的。圣人教人必要是如此，方可谓之知。不然只是不曾知，此却是何等紧切着实的功夫！如今苦苦定要说知行做两个是什么意？某要说做一个是什么意？若不知立言宗旨，只管说一个两个，亦有甚用？"

——【译文】

徐爱没有明白阳明先生的"知行合一"学说，就与同学宗贤、惟贤讨论，还是没明白，所以向先生请教。

先生说："试着举几个例子呢。"

徐爱说："现在人们都知道要孝顺父母，要恭敬兄长，但没有几个能真正做到，由此可见，知道和实践是两回事。"

先生说："这样的认知和行为是被人欲隔断了，没有知道了却不知道怎么做的，如果知不能做，那就不是真正的知。圣人教人知行，就是要人们理解真正的知行，不是你想的那么简单。所以，《大学》有举例真正的知行：'如好好色，如恶恶臭。'见到美色就是知，见到美的就喜欢属于行，意思是，一看到美色自然就会喜欢，而不是因为美思考出来要喜欢。同理，闻到臭味属于知，厌恶臭味属于行，一闻到臭味就厌恶了，而不是闻到臭味以后才想要去厌恶。比如，一个人鼻塞闻不到臭味，没有闻到就没有知，就不会厌恶臭味。延伸到父母兄弟，一定是已经做到了孝顺父母、恭敬兄弟，才能说是真正懂得了孝顺和恭敬。难道只是因为他说了怎样孝顺父母、恭敬兄弟的话，就说他真正懂得孝顺和恭敬了？又如，知道痛一定是感觉到痛了才会知道，知道冷一定是感觉到冷了才会知道，知道饿一定是感觉到饿了才知道，从这些例子来看，知和行怎么能分开呢？知行本来是一体的，是不能被私欲隔断的。圣人教人一定是这样的知行，不然不是真正的知。现在非要说知和行是两回事儿是什么意思？说做到其中一个又是什么意思？如果不知道根本，只争论分开还是一体有什么用呢？"

我们先说"知"。

很多人认为"知"就是知识的意思，知识是别人的东西，其实阳明先生"知行合一"的"知"是指我们能感悟到的客观规律。

"知"一般分为两种。

第一种"知"是学来的。上学时学习到的，书本里读到的，或是别人告诉我的，但是这种"知"是空泛的，是属于别人的智慧，我们无法真正感悟，也就无法付诸实践。

第二种"知"是感悟到的。如果你告诉孩子不要玩火，他不一定会听，但等到他玩的时候伤到手了，感觉到疼痛了，那他下次看到火自然会躲着，这就是他自己感悟到的，只有他自己悟出来的道理才最有用。

圣人悟到的是圣人的认知，也就是符合客观规律的认知，这种认知是正确的、健康的；普通人悟到的只是普通人的认知，很多时候是扭曲的。比如当被男人伤害了，容易得出的结论就是男人都是坏蛋，再也不相信男人了，这种认知就是无效的，会伤害我们的一生。

我们再来说"行"，分为三种。

第一种，是活在"应该"里面的行为。孩子他为什么要学习，是因为他觉得自己应该学习。很多成年人也是，我们知道在企业里应该扮演好员工的角色，在家庭里应该要扮演好丈夫和父亲的角色。这些"应该"的事情是我们不愿意去做的，但我们迫于某些原因必须约束自己去做，我们就会感到被动和痛苦。

第二种，是我们想做的行为。打麻将使我们开心，我们就能打上一整夜。刚谈恋爱的时候，我们每天看着手机回信息，跨越几百公里也愿意去见她，因为这些事情可以满足我们自己的人欲，所以我们在行动的时候就会充满动力。但这种被人欲驱动的行为，是不符合客观规律的。

第三种，是真知指导的行为。阳明先生曾说，人生头等大事就是立志，有了志向，我们所感悟的道理就都是服务于自己的目标的。在我们感悟的时候也不会感觉疲惫，感悟出来的道理也会符合客观规律，符合客观规律就能指导我们去行动，这样每一场学习，每一个行为都是自愿且充满力量的。

知和行实际是一件事，不能分开来讲。

知是行的宗旨，行是知的落实。我们所有的行动都是被"知"所指导的，而"行"是将你知道的东西加以实践；知是行的开始，行是知的结果。当我们开始行动的时候，就代表着我们已经有了真知。

但现在还是有很多人依然把知和行当作是两件事，于是产生了两类人：

第一类人是认为"先有知再有行"的人。他每天都在知上面下功夫，总觉得自己知道得还不够多，迟迟不采取行动，由于没有行动，终身可能都没有成果。

第二类人是总是冲动行动的人。他不重视学习，什么都不学、什么都不研究，就贸然去行动，最后同样得不到成果。

只有把知和行合为一体，我们的人生才会有好的结果。

知行合一也分为几个层次。

第一种，是要求我们知行合一的人。父母要求孩子好好学习，老板要求员工好好做业绩，你知道了还不行，你还要做到，才是知行合一。也就是，我先给你一个标准，然后再要求你去做到。

第二种，是被管理的人。别人告诉我应该怎么做，但是我不想那样做，人欲和应该就产生了冲突，如果人欲获得了胜利，那我们就会按照自己的想法去做。

第三种，是活在别人标准里的人。有的人会约束着自己，按照别人的评价社会的要求来做事，时时刻刻说话有分寸、办事得体，但这种人通常都是压抑的。

第四种，是感悟客观规律，并能够按照客观规律去做的人。这样的人才是真正的知行合一，他所有的知行都是由自己的良知心产生的，是主动的，因此他在知行的时候也会充满力量。

我们修阳明心学，不是去听他的观点，而是去理解他的内心，然后提升自己的认知，感悟客观规律。

为什么我们经常做不到知行合一？

第一，因为我们有人欲。我们都知道自己应该孝顺父母，但是父母曾经伤害过我们，我们对父母有怨恨，或者父母的品格不好，我们对父母有反感，再或者父母没有达到我们的期望，我们对父母有失望。这些怨恨、反感和失望都是我们的人欲导致的，一旦人欲隔断了知和行，我们也就无法做到孝顺了。

第二，因为我们总是向外求而非向内求。我们总是因为父母的表现来判断要不要孝顺父母，父母对我们好，我们就孝顺他，父母对我们不好，我们就无法孝顺。但真正的孝顺应该是向内求的，也就是需要我们感悟到了自己作为子女的孝心，从而产生孝的行动。

我们的人欲通常会表现为对错心和得失心，对错心是别人的道理和自己经验的道理；得失心是欲望和目的，就是你想得到什么，你害怕失去什么。

【案例1】

比如，我父亲就是一个很能约束自己的人，每天早睡早起，为了家庭牺牲一切，我妈脾气不好，和他吵架他也会忍让。

可是等他过了七十岁突然就开始任性了，这就是他对自己过去的压抑突然释放了，于是他现在开始做真正的自己。

【案例2】

我有一个朋友，现在英语已经考到了八级，准备接着考十级的证书，还想再考一个会计证和心理咨询证。可是考这么多证，他也没有好好去干过事业。这就只是停留在"知"的功夫上，没有知行合一。

【案例3】

我们应该怎样让孩子做到知行合一呢？

首先，我们要知道，在知行合一当中，"知"是一件难事，而"行"反而是容易的，如果我们弄反了，就会不停地告诉孩子他应该做什么，就会引发孩子的叛逆。所以，我从来不会告诉孩子应该做什么，我通常会用两种方法：

第一种，我会帮助他立志，也就是确定目标，这样他的行动才会充满力量。很多人想到立志，都会觉得要立一个很大很远的志向才算立志，但其实生活中的小目标也是一种立志。

比如，我跟我儿子说过，你现在考试都是第十名左右，为什么你学不过排名在前面的同学呢？你的悟性也不差啊，那你要不要拿个第一证明下自己呢？然后我儿子就会因为想要证明自己悟性强，想要拿第一名，这就有了目标。

然后我会帮我儿子分析，如果想要拿第一，那你应该考什么样的分数，语文、数学和英语都考满分，那肯定就是第一名了。

那这三科都考满分的规律是什么？那就要通过每天的学习和感悟才能知道，一边学习一边感悟，不断地调整和进步。这个时候我儿子就进入这个游戏当中，并在这个游戏中充满了自愿和力量。所以，他现在三科都是满分。

但到了这个阶段，他又觉得有点没意思了，当时的小目标已经不能满足现在的他了，所以我就要帮他立更大的志向，再重复这个流程。

第二种，我会让他自己感悟到人生的天性和使命。

有一次，他考试没考好，哭着说他读书都是为了父母。我说你千万别这么说，我的人生想得到的已经都得到了，我不需要你为了我读书，如果你是这么想的你就别读了，咱也别浪费钱，你如果说想退学我都同意。

后来我告诉他，学习是你进入社会的一张门票，是为了让你在喜欢的女孩面前能抬起头，是为了提高你的能力，从而让你长大后能够过上自己想要的人生。

我的这句话就是为了唤起他的人欲，让他产生自愿，让他感悟人生想要什么。他的志向更明确，主动的力量就更大了。

3-2

别人总是喜欢强迫我做事，怎么办

人生有太多不想做的事情，
表面上看起来是被强迫的，
实际我们都是做了对自己最有利的选择。

—— **不要急着创造人欲，先去认知，阳明先生这样说：**

来书云："真知即所以为行，不行不足谓之知。此为学者吃紧立教，俾务躬行则可。若真谓行即是知，恐其专求本心，遂遗物理，必有闇而不达之处，抑岂圣门知行并进之成法哉？"

知之真切笃实处既是行，行之明觉精察处即是知，知行功夫本不可离，只为后世学者分作两截用功，失却知行本体，故有合一并进之说。真知即所以为行，不行不足谓之知。即如来书所云"知食乃食"等说可见，前已略言之矣。此虽吃紧救弊而发，然知行之体本来如是，非以己意抑扬其间，姑为是说，以苟一时之效者也。

—— **【译文】**

你来信说："真正的认识是可以实践的，不能实践的认识就不是真正的认识。这是给学者指出的方法，让学者去身体力行。如果认为实践就是认知，有些人只静坐冥想探求本心，没有实际运用，这样肯定会有差错，不能运用到实践，怎么会是圣人说的知行齐头并进呢？"

认识的结果就是实践，实践的理论就是认识，认识和实践本来就是不可分开的，只是因为后面的学者把认识和实践看成了两个内容，才歪曲了认识和实践的真正含义，所以才有了知行合一的说法，也才有了能实践的认知才是认知，不能实践的认知不是认知的说法。就像你来信说的认识了食物才去吃的例子也能说明这点。虽然是为了解决弊端才说的，但是知行的本质也是这样，不是胡编乱造出来的。

这段话可以解读出两个要点：

一、真正的"知"是行动中来的。孔子创立的儒家思想，老子创立的《道德经》，都是从实践中来的，仁、义、礼、智、信，都不是凭空想出来的。

二、理解别人的知是学习，实践的知是自悟。别人讲的道理我们不会用，我们只会用自己悟出来的道理。这就是为什么，我们都学阳明心学，我们都学《道德经》，但是人生结果却不一样的原因。

比如，我们都学了孝，但是我们都对父母孝吗？父母对我们好，我们就对他们孝，父慈了子才孝，这是人欲。当父母对我们不好，我们依然很孝顺他们的时候，才是真正的孝。不掺杂人欲的认知，才是人性的认知。

认知感悟出来的是"道"，在道中遇到事变，产生术。我们往往会因为小聪明，掺杂主观欲望，创造出一些投机取巧的术，最后只会是不好的结果，只有服务于道的术才是真正能成事的术。

【案例1】

很多人说想创业，但真的了解商业吗？我们不考虑要挣钱这个人欲，来客观认知一下商业。

1.商业的基本概念就是价值交换，如果没有价值就没有交换。

现在社会上很多人都在编造价值，像抖音里有人直播涨粉，吹牛说几天就能全网涨粉一千万，可他粉丝最多时也就一百多万，这就是创造了价值，包装起来卖。

当我们看不清楚，总是去追求没有价值的东西，那就成了韭菜。

2.商业模式就是商业系统里的利润分配和商业运营，利润分配就有价值链，如果一个项目整个价值链里有一环是断裂的，那这个商业模式就不可行。

以前，有个同学想和我一起做房地产，把他的商业模式讲给我听。听完以后我说，你能挣钱，我能挣钱，但我带来的同学挣不了钱，还可能多花钱，这个东西不能做。闭环的商业模式是指人人都能从中获得价值。总想着自己能不能挣钱，不考虑别人的人是在割韭菜。

你对这个行业熟悉吗？你不熟谁熟？和你合作的人能挣钱吗？他挣钱了会分给你吗？这是他的能力和人品决定的，那我们就需要去认知他。

我们不考虑想挣钱这个事，才能客观认知。

【案例2】

学员问："同事总是喜欢强迫我做事，怎么办？"

答：首先，请问自己一个问题：强迫你的人如果是领导，你会不会做？同事要是求你帮忙的态度，你会不会做？会，对吧？所以，你反感是因为第一他是同事，第二他态度不好。

我们要知道，世界上没有强迫，只有选择，是你在想做的和不想做的事之间做选择。人生有太多想做和不想做的事情，表面上看起来是被强迫的，实际我们都是做了对自己最有利的选择而已。

做事的时候不要用强迫创造反感的人欲，而是要客观认识这件事，这件事到底对自己有没有价值。

如果是我，不看是谁布置的任务，只看工作的目的是不是为自己好、为公司好。如果能提高我的核心竞争力，无论是领导还是员工，不管是谁布置的我都去做。

我们打工的目的是提高核心竞争力，如果只是挣一分钱干一份活，那永远不能掌握核心竞争力，就永远可以被替代。我们每个人都想挣钱，而钱是核心竞争力带来的，当核心竞争力发生了质的变化，钱才能发生质的变化。

3-3

在教育孩子的问题上，夫妻意见不统一，怎么办

将双方的方案分别推演一下，看哪种结果更适合孩子，选择更容易执行、更能达到目的、效果更好的方案。

—— 知和行是一件事。

"知者行之始，行者知之成。圣学只一个功夫，知行不可分作两事。"

—— 【译文】

先生说："认知是实践的开始，实践是认知的结果。圣人说的是一个功夫，不能当作两回事看待。"

"认知是实践的开始，实践是认知的完成。"

这句话在中央电视台的《典籍里的中国》节目里，被称作《传习录》中最核心的一句话，是在说认知和实践的统一性。

真正的知道，就是能够做到。因为一旦我们的认知有问题，那我们实践起来就会有困难，要么我们内心过不去，要么身边的人跟我们过不去，要么客观规律跟我们过不去，实行起来处处碰壁。只有知道了，做到了，才说明我们的认知是最有效的认知。

我们人生当中总会遇到一些不好的事情，没有达到自己想要的结果，如

果没有理解知行合一，那我们就会感到痛苦；但如果能够理解知行合一，我们也就知道了，这些不好的结果代表的不是结果，而是代表着我们的认知出了问题，我们就要再格自己的认知，左右不好的结果都指导着我们去更好地认知。

所以，当我们面对不好的结果时，我们应该把它当作一个提升认知的机会，从这些结果中感悟客观规律，不断追求真知，直到最终能够做到为止。

同样地，当我们遇到好的结果时，没有理解知行合一的人，就可能会心满意足，变得狂妄自大；但能够理解知行合一的人，就会知道这些好的结果，只代表了我们的认知和实践符合了客观规律。

【案例1】

学员问："如果有人触碰了我的底线，我该怎么办？"

答：首先，我们来区分一下在人与人相处当中的几个概念：规则是用来遵守的，守则是用来惩罚的，底线是用来选择的。

玩游戏要按照这个游戏的打法来，这叫作规则；高速公路限速120km/h，如果超速了就会受到惩罚，这叫作守则；而底线是你坚决不可以做的事情。

底线里面存在以下几个特点：

第一个特点，底线是事先告知的。比如，结婚之前你们就要说清楚，有什么事是不能犯的，不能事后再说。

第二个特点，底线是共同遵守的。也就是制定者和遵守者都要一起遵守，不能有双重标准。

第三个特点，底线是不容商量的。底线不是看心情说着玩，是只要你制定了就得遵守。

如果说目标是告诉我们该做什么，那么底线就是告诉我们不该做什么。

一个人生各方面都很稳定的人，他一定是既有目标又有底线的，无论是朋友关系还是夫妻关系，或者工作关系，只有守住了底线，人生中才会减少很多矛盾和麻烦。

【案例2】

学员问："我在教育孩子的问题上和丈夫意见不统一，每次有矛盾他都控制不好情绪，该怎么办？"

答：这个问题中存在两个问题：第一个问题是在教育问题上不统一，第二个问题是对方控制不了情绪。

既然是两件事，那我们分开来说，先解决情绪的问题，再解决教育孩子的问题。

首先，丈夫为什么会有情绪？

第一个原因，在沟通的过程中，和你的观点产生了冲突。第二个原因，在争吵的过程中，你对他的态度让他感受到了屈辱和伤害。第三个原因，可能你从辩论观点的层次上升到了人身攻击的层次，他感觉到自己被伤害了。

所以，丈夫有情绪跟教育孩子的事情无关，只与彼此的沟通有关，那么我们就要转变自己的沟通方式。

有时候我和我妻子争论，我也会生气，但我妻子就会说，这件事是你的错还是我的错重要吗？你是个大男人，我是个小女生啊，那你不应该让着我吗？她这样一说，我立马就没了情绪。

我们再解决第二件事，也就是教育孩子的观点不同。

这可以用知行合一来解决，知是行的宗旨，行是知的落实，所以我们教育孩子，既是知的过程，又是行的过程。

我们要想达到教育好孩子的目标，我们就要对这件事进行认知。夫妻是不同的人，在认知上必定就会出现两个观点，如果都坚持自己的观点，那肯定会吵架。

通常来说，夫妻间之所以吵架都是因为有人欲。第一个人欲是，家庭的决定权；第二个人欲是，每个人都觉得自己是对的，如果我不坚持自己是对的，那就是我输了，所以总是要分出一个对错。

那我们应该怎么做呢？

我们分别对于自己的观点进行一次路演，路演就是按照自己的方案推演一下，看看最后会达成什么样的结果，比较一下哪种方案更适合孩子，更容易执行，更能达到目的，最后选择更好的那个方案。

这个过程里我们不关心谁对谁错，只关心谁的方案最有效。如果决定不出来谁的更好，最简单的方法就是抛硬币，抛到谁就是谁，如果执行起来很困难，那就再换另一个试试，这样夫妻也就不会争吵了。

3-4

在创业中如何模仿和创新

多实践多尝试,听取周围人的意见,
边总结边改进。

—— 总结和改进其实就是知和行。

爱曰:"古人说知行做两个,亦是要人见个分晓,一行做知的功夫,一行做行的功夫,即功夫始有下落。"

先生曰:"此却失了古人宗旨也。某尝说,知是行的主意,行是知的功夫;知是行之始,行是知之成。若会得时,只说一个知,已自有行在;只说一个行,已自有知在。古人所以既说一个知,又说一个行者,只为世间有一种人,懵懵懂懂的任意去做,全不解思惟省察,也只是个冥行妄作,所以必说个知,方才行得是。又有一种人,茫茫荡荡悬空去思索,全不肯着实躬行,也只是个揣摸影响,所以必说一个行,方才知得真。此是古人不得已补偏救弊的说话,若见得这个意时,即一言而足。今人却就将知行分作两件去做,以为必先知了然后能行。我如今且去讲习讨论做知的功夫,待知得真了方去做行的功夫,故遂终身不行,亦遂终身不知。此不是小病痛,其来已非一日矣。某今说个知行合一,正是对病的药,又不是某凿空杜撰,知行本体原是如此。今若知得宗旨时,即说两个亦不妨,亦只是一个;若不会宗旨,便说一个,亦济得甚事?只是闲说话。"

【译文】

徐爱说："古人把知和行分开当作两回事，目的是便于理解和学习，一边认知，一边实践，只有这样我们在修身的时候才有明确的落脚点。"

先生说："这样想就丢掉了古人的宗旨和目的。我曾经说过，知是行的宗旨，行是知的实践；知是行的开始，行是知的结果，如果明白了这种说法，说起知就已经有了行，说起行就已经有了知。古人之所以把知和行分开说，是针对一种人，懵懵懂懂随便去做，完全没有思考的过程，也只是随意乱做，所以要强调知，有了知才能去行。还有一种人，整天只在脑子里想，不去实践，也只是自己猜想的，所以要强调行，知以后得行。这是古人为了解决弊端不得已的说法，明白的人都明白。现在有些人却把知和行当成了两件事情，先反复学习思考，想要完全懂得以后再去行动，结果就是没有实践，一辈子没有收获。这种想法不是小事，已经流传盛行已久。我现在说的'知行合一'就是针对这些人来说的，不是我瞎编乱造的，是知行本来就是这个意思。如果明白了知行合一，分开来说也无妨，如果没有明白，那说是一体也没有什么作用，不过是空谈而已。"

阳明先生认为，"知"和"行"原本是一体的。

"知"是学习、认知，"行"是做事、挣钱。

这个一体是指，在"知"的过程里要"行"，就是一定要有结果，在"行"的过程里要"知"，就是边做边学边思考。

"知"是准备行动前的规划、策划、策略和安排，也是"行"的一部分；当你按照计划去做的时候也就是"行"了。

古人把知行分开，是根据不同人的本性，为了方便认知和学习，简单来说，说知行百姓不懂，说知和行百姓就明白了。

我们生活里有两种人：一种是"知"的人，一种是"行"的人。

如果你每天赚钱、每天做事，你都不是为了钱和地位，而是为了能够通过挣钱来了解如何挣更多钱的思想，来提升自己的境界，认知这个世界，你就是"知"的人。

如果你每天努力读书、努力学习，为的都是挣更多钱，能够为国家贡献更好的科学技术，为了管理一方百姓，为了创造企业，你就是"行"的人。

尽管这两种人的人生目的不同，但是他们都有知的过程和行的过程，都在边知边行，边行边总结，所以实际知行就是一体。

很多人每天都在非常努力地做事，但他在做的过程里不动脑子，不会感悟和学习，就算是砌墙的泥瓦工，砌的过程里也可以思考怎样砌成中国最牛。

努力做事而挣不到钱的人，大多是不会总结、研究和创新。不是辛苦了就会有结果，总结是让结果变好的重要行为。

提出"知"和"行"，就是针对这两种不同的人，让"知"的人懂得去实践，让"行"的人多思考、多学习，提升自己的效率。

天天学或者天天做，都不会有结果，知行合一才能保证你成功更快，失败更少。

没有知而不行的，知而不行，说明还是没有真正认知，行的动力是想要这样，是知带来的力量。

同时，知和行应该是一个同时进行的循环往复的过程。

我们先定下一个目标，也就是立志，你的志向是什么方向，那你就感悟和学习什么方向的知识，学习了就开始行动，在行动的过程中不断学习和感悟，做到一周一总结，甚至一天一总结，你总结的频率越高，那你成功的速度也就越快。

然后，我们再检查一下结果：行动有没有取得我们想要的结果，如果没有达到想要的目的，那就要再次学习，再次感悟，把学习的东西不断运用到行动当中去，在学习中克服困难，也在困难中不断学习，直到达成自己想要的结果。

知和行有不同的公式：

1.学+知道+自我约束=被动+累

2.感知+满足人欲=自愿+有力量

3.立志+感悟+按规律行=自愿+有力量

【案例1】

如果你想要创业，那在创业的前期，你肯定会每天都在研究创业的方法和理论，这时候"知"就成了你行为过程中的策略计划和安排，你会根据"知"的东西去做事，比如选什么项目，投入多少，要怎么做，等等。实际"知"就是你"行"的一部分，"行"就是"知"落实的结果。

【案例2】

如何模仿和创新？

比如，我直播，人越讲越少我就要总结是不是不够好，是哪里出了问题，我不能说因为我辛苦了就该人多。

又如，我做视频，没有涨粉我就要总结哪里需要改进，改了以后还是不涨粉，就需要求教更好的高手，不断总结和改进，慢慢人流量就上去了。

再如，开餐馆，每天坐着抱怨疫情人流量少，不如多做点菜找人试吃，听听周围人的意见，如何改进味道，周围的人都喜欢吃，都想再吃，客户就多了。

3-5

孩子犯错，应该如何教育

父母教育孩子，不光是讲道理，
而是要帮助他建立正确的认知。

—— 阳明先生用知行合一的方式来教育孩子。

来书云："所喻知行并进，不宜分别前后，即《中庸》'尊德性而道问学'之功，交养互发，内外本末，一以贯之之道。然功夫次第，不能无先后之差，如知食乃食，知汤乃饮，知衣乃服，知路乃行，未有不见是物，先有是事。此亦毫厘倏忽之间，非谓截然有等今日知之，而明日乃行也。"

既云"交养互发，内外本末，一以贯之"，则知行并进之说无复可疑矣。又云"功夫次第，不能无先后之差"，无乃自相矛盾已乎？知食乃食等说，此尤明白易见。但吾子为近闻障蔽，自不察耳。夫人必有欲食之心，然后知食，欲食之心即是意，即是行之始矣。食味之美恶，必待入口而后知，岂有不待入口而已先知食味之美恶者邪？必有欲行之心，然后知路，欲行之心即是意，即是行之始矣。路歧之险夷，必待身亲履历而后知，岂有不待身亲履历而已先知路歧之险夷者邪？"知汤乃饮，知衣乃服"，以此例之，皆无可疑。若如吾子之喻，是乃所谓"不见是物而先有是事"者矣。吾子又谓"此亦毫厘倏忽之间，非谓截然有等今日知之，而明日乃行也"，是亦察之尚有未精。然就如吾子之说，则知行之为合一并进，亦自断无可疑矣。

── 【译文】

你来信说："你所说的知行齐头并进，不应该分前后，就是《中庸》里说的君子既要尊重天生的德行，又要在学习中完善德行。两者彼此存养，相互完善，本心和外物，本体和作用都贯穿天道。但是修行是从简单到难，从浅显到深入，不能没有先后顺序，比如知道是食物才会吃，知道是汤才会喝，知道是衣服才会穿，知道是路才会走。不会没有看到对象就知道行动的。这种从知到行是瞬间几乎同时的事情，不是今天知道了，明天再去做。"

既然你说："'相互完善，本心和外物，本体和作用都贯穿天道'，那么知行并进的说法就没什么疑问了。你又说'修行的功夫有先后的顺序'，这不是互相矛盾吗？知道是食物就吃的说法，更容易弄明白，但是你被朱熹的说法蒙蔽了，自己没有觉察。人一定是心里想吃东西了，才会去找食物，心里想吃就是意念，有了意念才会想要行动，食物好不好吃，那得要吃了才知道，哪里有还没吃到就知道好不好吃的？心里想走路了，才会去找路，心里想走路就是意念，有意念才会想要去行动，这条路好不好走，只有走了才知道，哪里有还没走过就知道路好不好走的？'知汤乃饮，知衣乃服'都是相同的。就像你说的'没有看到事物就已经想怎么行动了'，'从知到行就是一瞬间的事，不是今天知道了，明天再去做'，已经非常贴切了但还不够精准。就像你说的，这样来看齐头并进的说法就没有疑问了。"

阳明先生的意思是，知行缺一不可。

不能只"知"不"行"，也不能只"行"不"知"，两者是一体的。

知行三步骤是心动—意动—行动，所以真正的"知"是先动了心有了意念，有了意念才会有行动。这样说起来很抽象，用吃来说就很好理解。

人是想要吃东西，才会去找食物，找到食物才会去吃，吃了才会知道食物的味道。想吃了立马就会去吃，也就是从想的吃到行动的吃，只是一瞬间的事情，几乎是同步，不是今天想吃，明天再找食物吃，这也就是知性并进了。

物理学家的学问是怎么创造的？孔子的学问是怎么产生的？圣人都是在行动中觉知，觉知中行动，边行动边实践，边觉知边认识，反反复复总结出来的。

我们既要向别人学习，又要向实践学习，这种边行边知不是早上实践晚上再觉知，而是边行边知，这就是智慧者之路，这就是圣人之路。

只有边知边行，边行边知，才能保持用良知心看待世界，也才能成事。一旦欲望遮蔽了良知心，就很难成功。

就像我们想挣钱，有人说了个项目，我们就产生了意动，开始想象这个项目成功了，就把车换了，再买个房，再把这个项目做大，做到上市。这些是意动，是幻想，是人欲。幻想越强烈，就越投入，就越容易失败。很多创业者之所以失败，就是因为幻想太强烈，意象已经占据了认知。

而认知应该是，这件事能创造什么价值？怎样做才会成功？谁会得利，谁会受伤害？不可行的地方能不能解决？跟我合作的人人品如何？到底有多大的市场？商业模式是否是可行的？去考察项目，考察合作方，才是真正的认知。

这一段可以总结出知行并进的三个要素：
1.这颗心是指良知心，要用良知心认知。
2.不要冲动去认知。
3.认知了不要停下来，还要行动，行动中还要认知。

【案例1】

总有人想着一创业就有成果，我说创业不保成功，但是你有了创业的意念，一定要去行动。

首先，你要认知，哪些行业要入，哪些事情要做，认知以后一定要行动，行动就算失败也没关系，这个行动是为了提高认知，认知提高了再修改行为，再去行动，反反复复的过程，就是对行业深度认知的过程。

没有人一开始创业就是无所不知的，圣人也不是无所不知，只是用良知在感悟客观规律，按照客观规律来行动，至于怎么让我们自己和生活变得更好，都需要在实践中摸索。

【案例2】

学员说："现在实体店不好做了，我认识了一个老中医，想投资他做大健康，可不可行？"

答：我们先从大环境来说，有段时间社会提倡"大健康"，所以学生都开始注重运动，可是就给了一些人钻空子来骗人，很多人就上套了。

上套的人真的相信"大健康"吗？不是。他们真的重视健康吗？也不是。而是，他们认为，一旦扛着大健康的旗号就能挣大钱，他们已经活在了挣大钱的人欲里，看不清事情的本质了。

我们抛开挣大钱这个人欲，好好来思考这个事情。如果那个医生那么厉害，那为什么没有受到重用？为什么政府不做这个项目？为什么他偏偏要找你投资呢？想清楚这些事，你就知道能不能做了。

不要怪别人骗你，而是你的脑子里充满了人欲，你的意动就成了贪念，认知就会混沌，就有了盲区，会找出各种理由说服自己，从而忽略了最根本的问题。

【案例3】

我们把知行合一运用在教育孩子上。

第一步，心动产生意念。首先问自己：心动的是哪颗心？良知心还是人心？

比如，被请家长，你当场就心动了，这时候就是沮丧的、责怪的、失望的心动了。良知心动是规律，人心动是欲望，只要发现自己的心不正，就不要教育孩子。

第二步，意之动之后不要冲动，要认知。认知孩子出问题到底是什么原因，应该怎么解决，应该怎么说。

比如，有一次我儿子犯错了，我就会认知此刻他想听什么，害怕听什么。认知了我就知道他现在最怕被家长训斥。

第三步，认知以后就要行动。

我孩子犯了错误，我认知了，所以我说，你现在还小，闯的祸爸爸妈妈帮你扛着，我们该去道歉去道歉，该赔偿去赔偿，你不要害怕，不要有负担。他听了就哭了，说："爸爸，我错了。"其实，父母很多时候打骂孩子就是想听到孩子承认错误，但是我们不能只止于此。

我说，没关系，孩子都是在闯祸中得到教训，现在重要的是总结失误。我说，那你先把过程梳理一下，是什么环节冲动了？怎么就变成了你不想要的结果？这时候他就讲了全部过程，讲的过程里他也在认知，他找到了问题的所在处，以后就再也没犯过同样的错误。

教育孩子这件事，要么是父母，要么是老天。父母教育孩子不光讲道理，而是要帮助他建立认知，正面的认知会避免很多问题。

【案例4】

学员问:"我进了个单位。当初因为不好进,我参加了很多考试和考验,进去才知道不发工资,到现在一分工资没有,事还不少,工作还不顺心,经常熬夜,二十多岁就秃头了,学不到东西,每天都像混日子。我爸妈期望很高,希望我好好干,可我觉得没前途,想过辞职,爸妈肯定不同意,他们以我在单位为荣。我用良知心来感悟出一个解决办法,一两年时间证明父母的决定是错的,到时候我再辞职父母也就没说法了,大不了浪费一点青春,这样的觉知对不对?"

答:首先,我们来分析一下现实存在的东西,熬夜受苦,拿不到工资,学不到东西,这些都是现实存在的。

其次,你说是良知心感悟,其实是从人欲感悟,爹妈好面子,你也好面子,你的人欲就是现在的得失、现在的面子、现在的孝顺。

你要孝顺,父母在你心目中分量很重你不敢忤逆,是真的不敢忤逆吗?也不是,父母让你好好干,你要混日子,这也是忤逆,你还在背后抱怨父母。

阳明先生说过,什么心得什么灵,从良知心感悟就向内求,你的心是什么样的,你的世界就是什么样的。

有前途心的人在哪里都有前途,没有前途心的人在哪里都没有前途,为什么要用两年奔一个没前途?不如用两年时间奔一个前途。

那什么是有前途的心？为了未来牺牲现在，就是有前途的心。两种人就有两种命运：

1.为了未来牺牲现在的人。每个有前途的人，都是牺牲了现在的舒适，才获得了前途。

2.为了现在牺牲未来的人。所有妈宝男、躺平的人，都是在牺牲未来来满足现在的私欲。

所以，智慧的父母要学会断舍离。只要孩子一长大，就不能满足他现在的私欲，一旦孩子满足了现在的私欲，他就没有了未来。

那么，你想当哪一种人呢？

名词解释

知行合一

常规解法：

我们知道的道理，应该去行动。

我们知道应该孝顺父母，但现实里父母自私、唠叨、对我们不好，就很难孝顺得起来。

心学解法：

"知"，认识，悟出来的道理，是去掉人欲后，良知给的答案。

我们感悟到孝顺父母，不管父母对我们怎样，我们都会孝顺，这是向内求。

阳明先生还强调了知行一体，先立志再做，所有的知都是围绕志向，比如你想开一个餐厅，你就会为了开餐厅去学厨师，这种知非常有动力，还会很投入。

知是行之始，行是知之成，在行动中不停感悟，就像我们学骑自行车，一边骑一边感悟，一边感悟一边改进，最终学会。

致良知

"良知",是我们的心。"致良知",就是百分之百的良知,不掺杂任何人欲的认知。

和致知的意思完全不同,致良知是一个认知体系,产生极致的悟性;而致知是目的,激发悟性+集中注意力+时间=致知。

良知良能

最早出现于《孟子·尽心上》。

"良知",不用思考就知道;"良能",不学就会。

良知良能都是由心创造的,良能是悟性,良知是人性,不掺杂人欲。

良知

我们走在路上看见受苦的人都会心生恻隐之心,这种没有理性思考,自动就会出现的就是"良知",是老天赋予人类的人性。

但我们的良知总被人欲掩盖。我们想给乞讨的人钱,但我们害怕被对方欺骗会显得很愚蠢,就不会给钱。

对错心影响我们的悟性,得失心影响我们的良知,所以我们对人对事的态度会出现偏差,品德也会出现偏差。

良能

我们学开车和学骑自行车,无论别人怎么教,都是自己在实践里适应、感悟和总结,最终学会,"良能"就是这种不断在实践中摸索的能力。

即使我们没有意识到良能的存在,也没有刻意培养良能,但良能伴随了我们一生。

就像我没有学过讲课但也讲了20多年课,就是良能带给我的灵感和感悟，体现出来就是悟性；企业家创业成功，也是良能支撑他们找到的方法。

格物

常规解法：

"格物"，探究事物的规律。"格"，探究。"物"，客观世界。

心学解法：

"格"，从思维方式来说，意思是分类，比如把书分类，这一类是物理，那一类是国学；从认知角度来说，意思是区分，给认识的事物贴标签，比如这里是成都，不是北京。我们分类越清楚，对事物的认知就越详细。

"物"，所有的存在。

"格物"，为一个存在命名。比如我叫吴军是一个名，吴军戴眼镜又是一个名。但需要不停格，法门是去人欲，智慧的人都是认知当下。

致知

常规解法：

获得知识，求知，极致地理解，圆满地理解。

心学解法：

完完全全、究竟圆满地认知客观世界。

致知是格物的目的，格物功夫越好，致知的水平越高。

诚意

常规解法：

百分百信任和学习儒家思想。

心学解法：

百分百没有人欲，真诚的，没有任何杂念的，注意力百分百集中地放在两件事，也是一件事：一是认识客观规律，这是知；二是符合客观规律，这是行。

也就是，百分百探求客观规律，百分百按照客观规律做事。

正心

常规解法：

公正、大公无私的心。

心学解法：

让自己的心回归到客观规律上。

就像我们下高速公路逆行，这就是没有按照客观规律走，那就要正回来按照交通规则走。

明明德

常规解法：

第一个"明"是动词，意思是彰显。

心学解法：

明可以拆分为"日"和"月"两个字。"日"是太阳，照亮别人；"月"，是反射太阳的光亮照亮别人。

我们要活出两个状态：1.活出自己的生命状态照亮别人；2.把美好的事

物像月亮一样反射回来照亮别人。

第一个"明"是太阳，也是月亮；第二个"明"是光明，有价值；"德"是为人处世的品格，光辉的品德。

"德"还有一种解法，《黄帝内经》里说："天气，清净光明者也，藏德不止。""气"，气体，能量物质，就像科学上的量子，清净而光明，藏了很多德行。这是把"德"带到了另一种高度，德就是气，是老天赋予人类品格和能量的性质。

简单来说，"明明德"就是活出自己，把老天赋予我们美好的品格释放出来。这种德行不是讲出来的，而是身上散发出来的。

亲民

常规解法：

朱熹的"亲民"是"新民"，意思是改变自己。

心学解法：

阳明先生主张原版的"亲民"，意思是对人民的爱，是以为别人好为出发点。

大学的根本是自强，再利他，也就是说，先长本事，再帮助更多的人，是以世界为中心，我为世界做贡献。

所以，人要做两件事：第一件是自强，第二件是帮助更多的人。

至善

常规解法：

极致的善。

但这种善恶要么是自己认为的，要么是别人说的，没有统一的标准，就像杀生吃肉，是善还是恶？

心学解法：

是不执着于某一种善和恶，是符合时代、人群、社会的需要，而做出了符合规律的选择。

阳明先生为了剿匪使用手段，对于一些学者来说可能是恶，但站在当时的国家和人民的角度，他做的事是符合客观规律的，就是善。

至善不是追求好人，也不是追求坏人，我们不要被别人善恶的标准所左右和绑架，而是在时代里符合人性、家庭、社会、朋友、自然的规律。

后记

什么是理学？

1.理学是圣人感悟人与人之间的规律形成的圣人思想。

2.理学是后世贤人对圣人思想的解读。

3.理学是社会的集体共识，成为深入人心的道德标准。

学习理学的弊端：

1.理学的感悟具有时代性。

2.用理学知识来演戏，把自己装成君子。

3.理学理论成为讨伐别人、要求别人的道德标准。

4.理学理论成为摧毁自我、自我否定的标准。

什么是心学？

1.心学是圣人的认知模式，所有圣人的思想都是圣人的认知模式创造出来的。

2.心学是用圣人的认知模式，来正确理解圣人的思想，才能真正做到"知行合一"。

为什么要学习阳明心学？

1.心学能够帮助我们创建新的集体共识。

2.心学能够让我们打破旧思想的束缚。

3.心学能培养我们的智慧，看透客观规律，按客观规律办事。

4.心学能够让我们真正实现"知行合一"。

5.心学能够让我们成事。